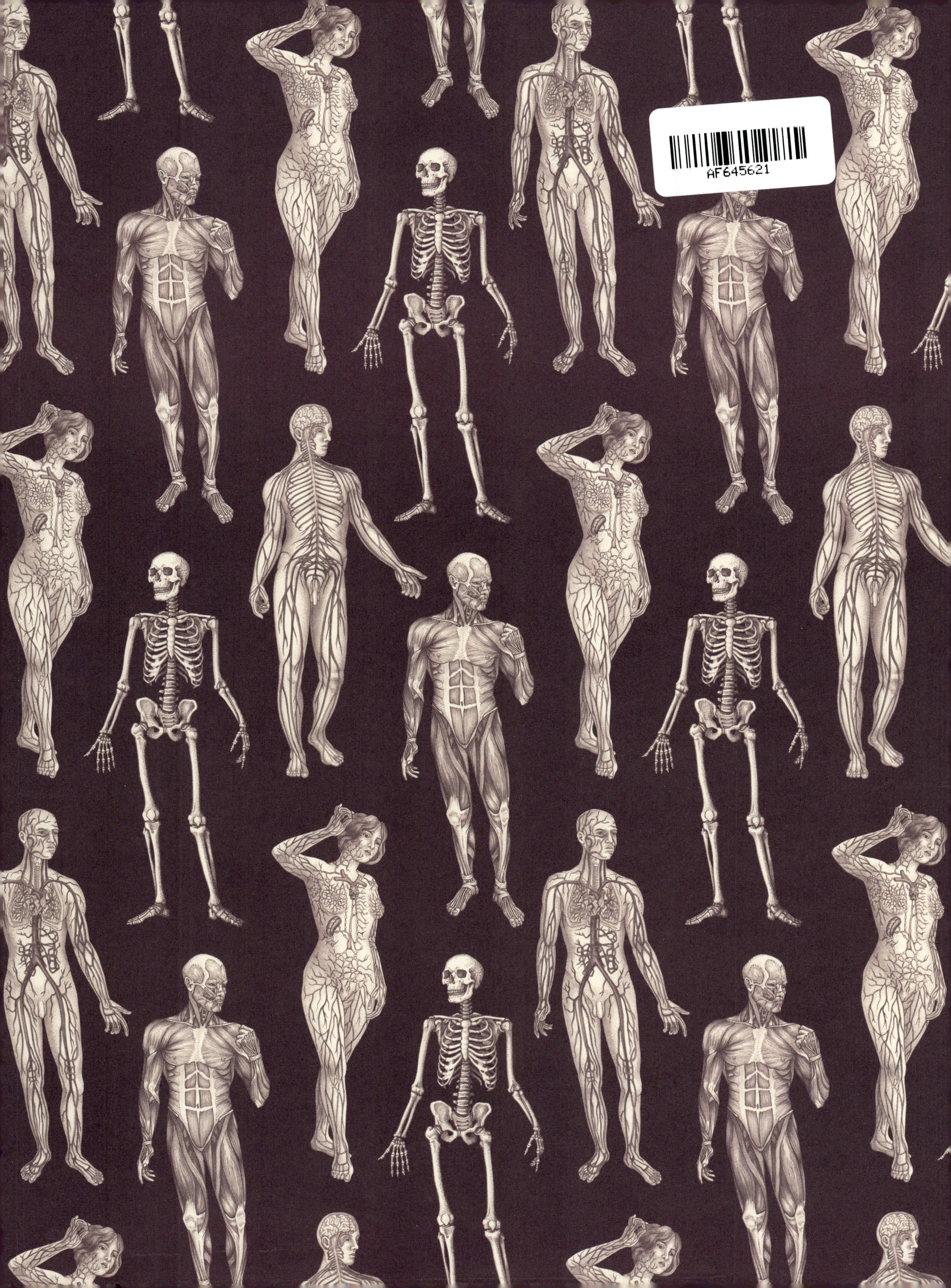

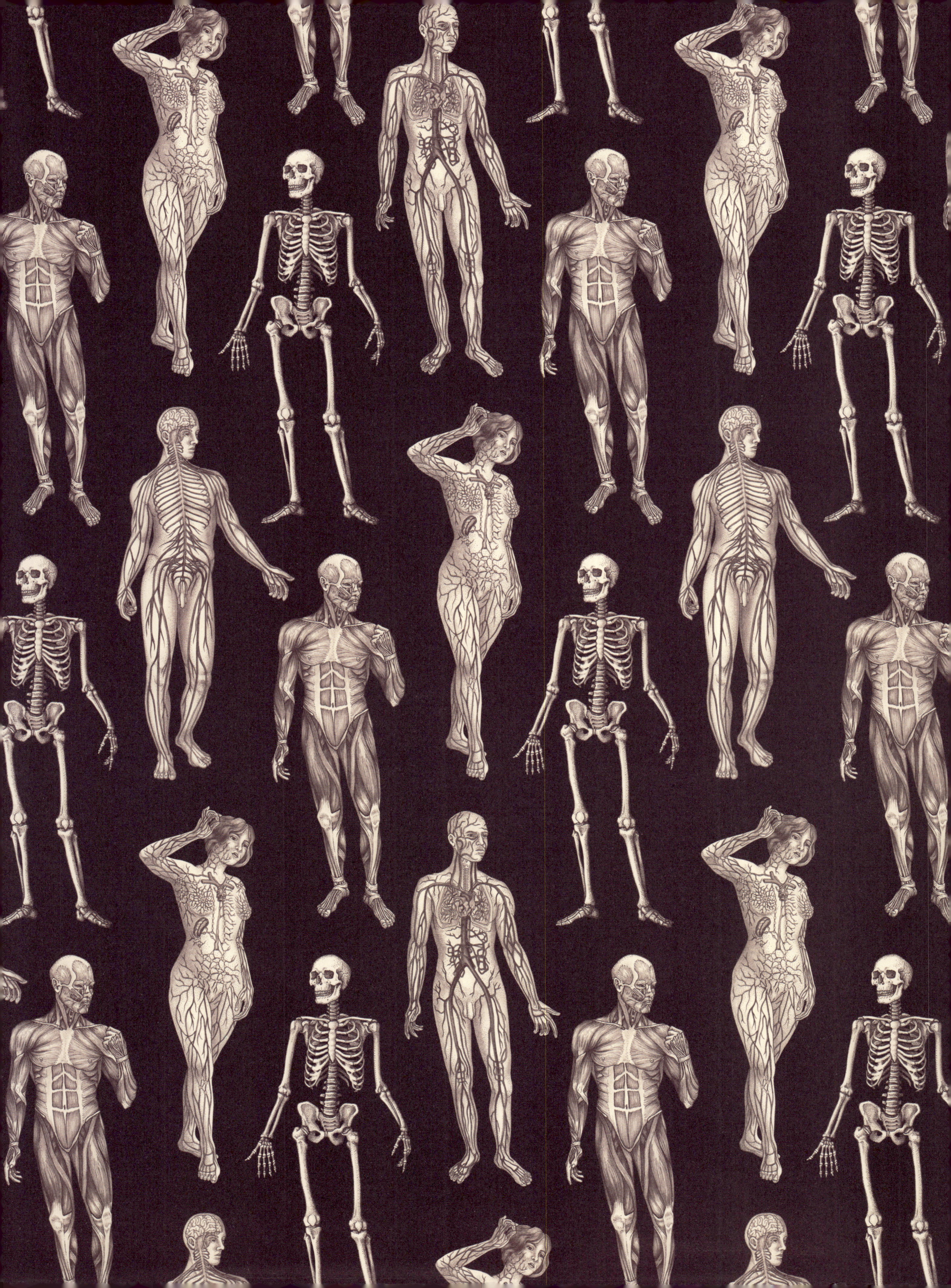

# Das Museum des Körpers

*Für meine Eltern – K.W.*
*Für Hannah – J. P.*

Eintritt frei!

# Das Museum des Körpers

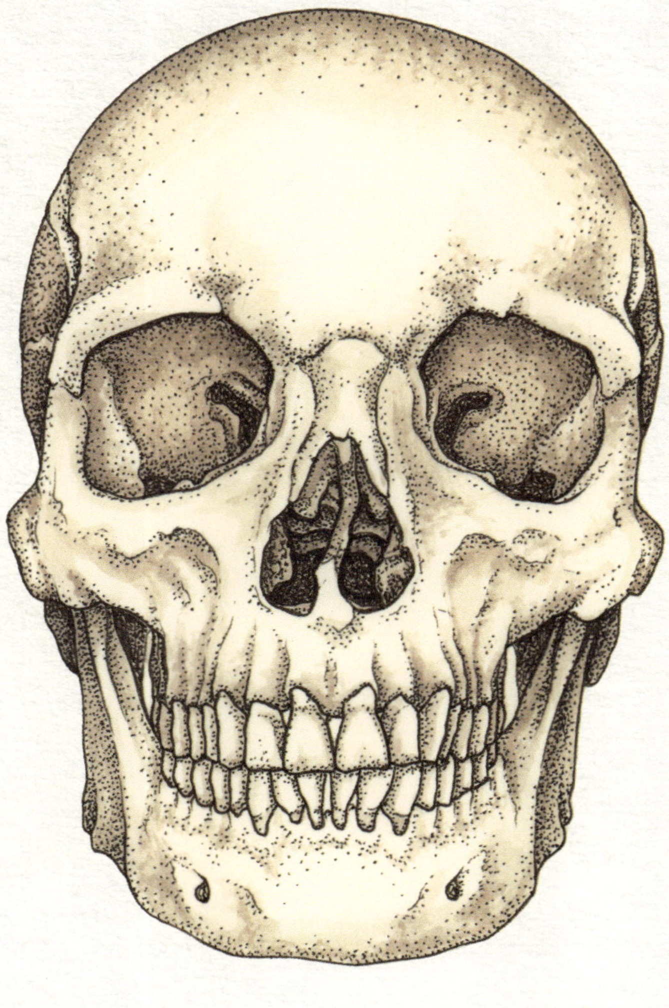

Illustrationen von KATY WIEDEMANN

Text von JENNIFER Z PAXTON

PRESTEL

München • London • New York

# Vorwort

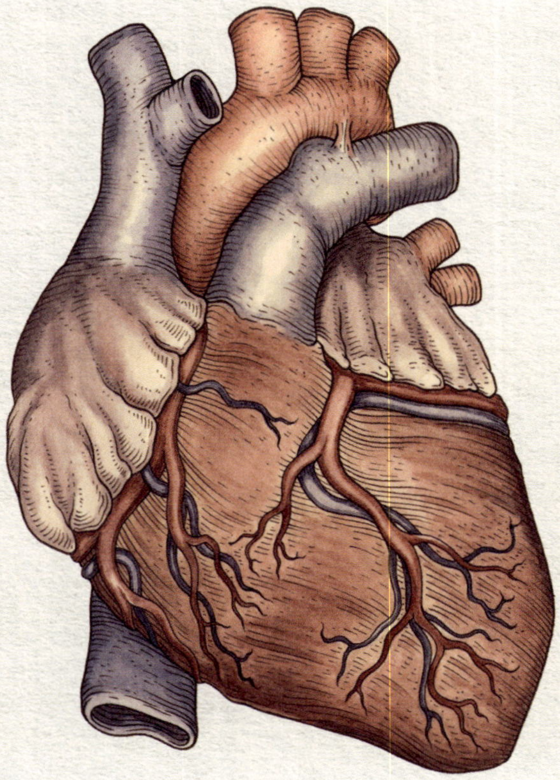

Unter unserer Haut liegt die unglaubliche Welt des menschlichen Körpers: eine lebendige Maschine aus Hunderten und Tausenden von Teilen, die alle zusammenarbeiten und uns zu dem machen, was wir sind.

Wie unser Körper genau funktioniert, fasziniert die Wissenschaft seit Jahrhunderten. Das Studium des Körperaufbaus – Anatomie genannt – bildet die Grundlage für unser gesamtes medizinisches Verständnis.

Das Wort Anatomie stammt vom altgriechischen *anatome* ab, was so viel wie „aufschneiden" bedeutet. Betrieben wird Anatomie schon mindestens seit 1600 v. Chr. In manchen Gesellschaften war die Kunst des Sezierens – das namengebende „Aufschneiden" menschlicher Körper – verboten. Stattdessen wurden tierische Überreste seziert. Dies führte zu einigen Fehlern im Verständnis des menschlichen Körpers, bis spätere Wissenschaftler wie Leonardo da Vinci und Andreas Vesalius detaillierte Zeichnungen ihrer Erkenntnisse anfertigten. Auch heute noch wird das Sezieren von Wissenschaft und Medizin als wichtige Methode zum Studium des Körpers eingesetzt. Zu diesem Zweck können Menschen ihren Körper in einem rechtlich geregelten Verfahren nach dem Tod der Wissenschaft spenden.

Neben moralischen und religiösen Bedenken gegen das Sezieren gab es noch andere Hindernisse für die frühe medizinische Forschung. Vor der Entwicklung des Mikroskops in den 1590er Jahren waren Bakterien und andere winzige Zellen den Wissenschaftler*innen unbekannt. Stattdessen glaubten sie, dass schlechte Luft, so genannte „Miasmen", für Krankheiten verantwortlich sei. Leider starben Tausende von Menschen an heutzutage leicht heilbaren Krankheiten.

Zur Zeit treten wir in eine aufregende neue Ära der Anatomie ein. Dank technologischer Verbesserungen in der Bildgebung können wir den menschlichen Körper detaillierter als je zuvor betrachten, und die Wissenschaft des „Tissue Engineering" (Konstruktion bzw. Züchtung von Gewebe und Organen) könnte der Medizin zu neuen Behandlungsmethoden verhelfen. Jedes Jahr vergrößert sich unser Wissen. Aber alles beginnt mit den Grundlagen der Anatomie.

**Dr Jennifer Z Paxton**
Universität Edinburgh

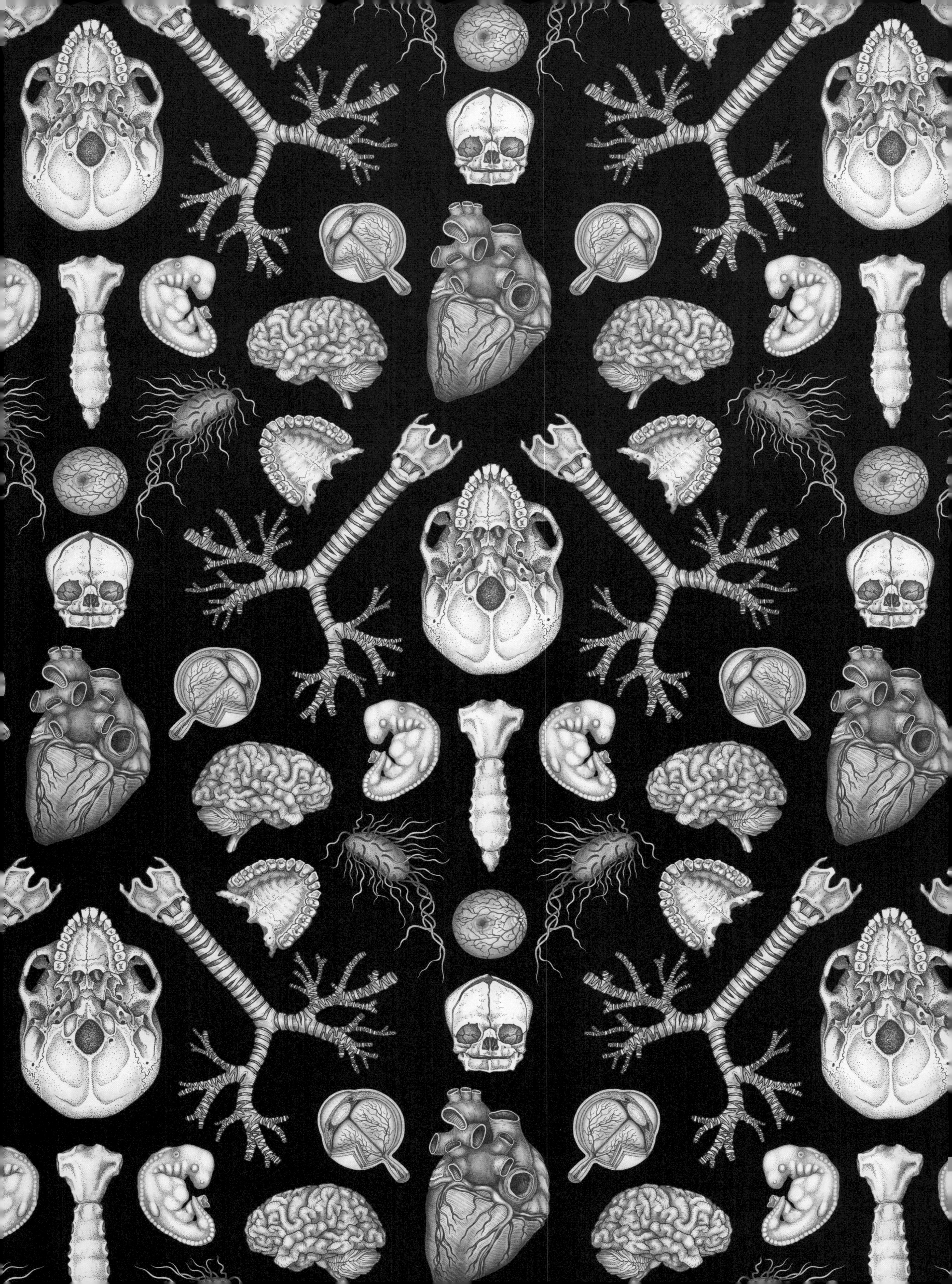

*Eingang*

# Willkommen im Museum des Körpers

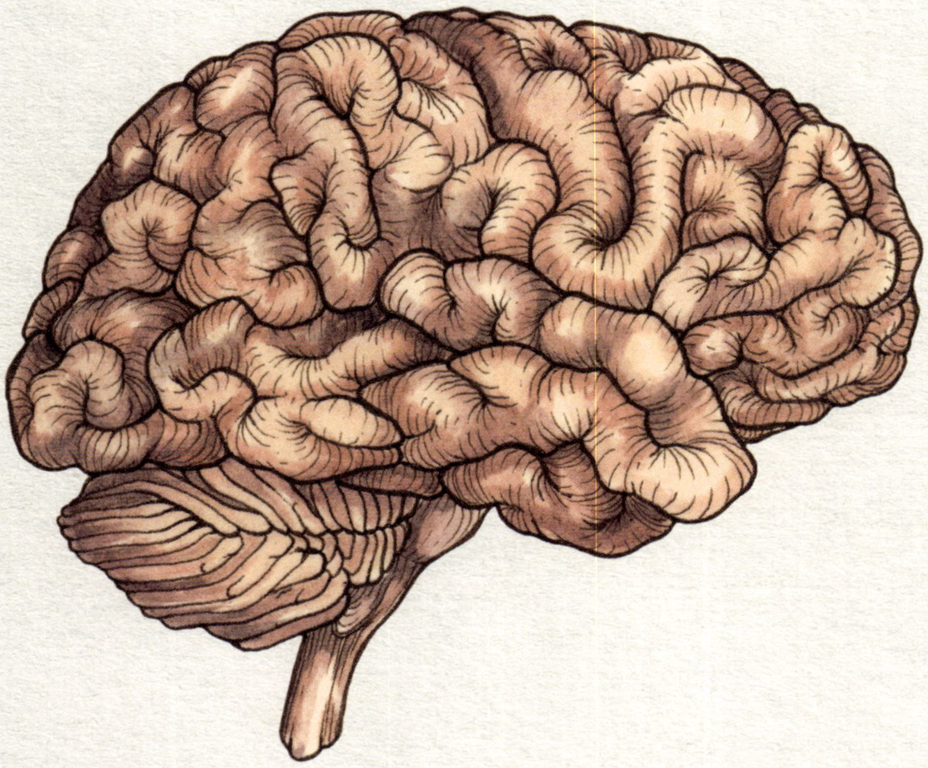

Hast du dich jemals gefragt, wie das Innere deines Körpers aussieht? Wolltest Du vielleicht schon immer mal dein Herz beim Schlagen beobachten, deine Hautzellen wachsen sehen oder den Teil deines Gehirns ausfindig machen, in dem ein Gedanke Gestalt annimmt? Auf den Seiten dieses Buches kannst du das nun!

In jedem Saal dieses einzigartigen Museums, das vierundzwanzig Stunden am Tag und sieben Tage die Woche geöffnet ist, lernst du ein wichtiges Organsystem des Körpers kennen. Du kannst zum Beispiel den Saal des Muskel- & Skelettsystems besuchen, um die Gewebe zu entdecken, die uns Bewegung ermöglichen, oder den Saal des Nervensystems, um die Struktur des menschlichen Gehirns zu untersuchen. Schau dir die Organe an, die uns beim Atmen helfen, wirf einen Blick unter die Haut, oder beobachte, wie Nahrung durch die langen Gänge unseres Darms transportiert und verarbeitet wird. In einem anderen Saal erfährst du, wie sich Babys aus einer einzigen Zelle entwickeln, und wie sich unser Körper verändert, wenn wir erwachsen werden.

Während du das Museum erkundest, kannst du darauf achten, wie dein eigener Körper ständig arbeitet: Dein Herz hält dein Blut in Bewegung. Deine Lungen versorgen deinen Körper mit Luft. Bei jedem deiner Schritte – selbst wenn du still stehst – müssen deine Muskeln arbeiten. Mit deinen Augen kannst du dies hier lesen und dein Gehirn verarbeitet all die neuen Informationen in erstaunlicher Geschwindigkeit. Dein Körper ist ein Wunderwerk.

Betritt also das Museum des Körpers, um deine Entdeckungsreise zu beginnen und die Wunder und Geheimnisse des menschlichen Körpers zu entdecken.

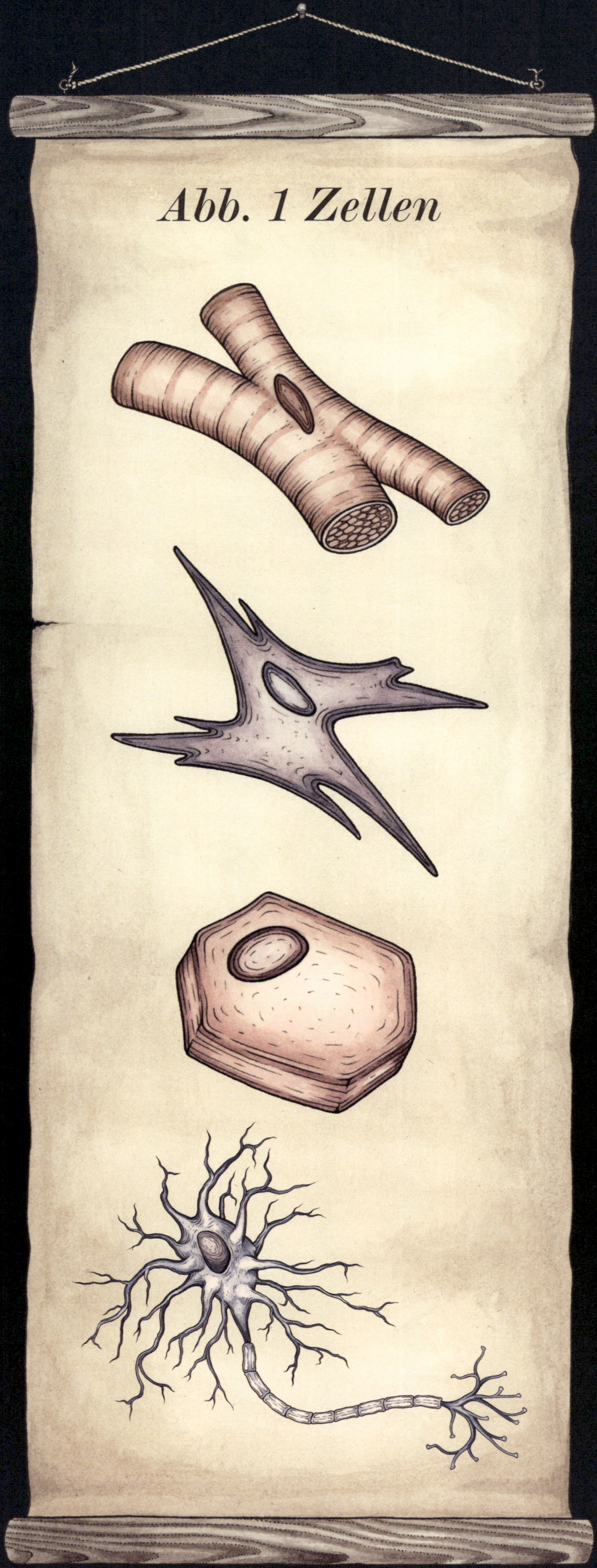
Abb. 1 Zellen

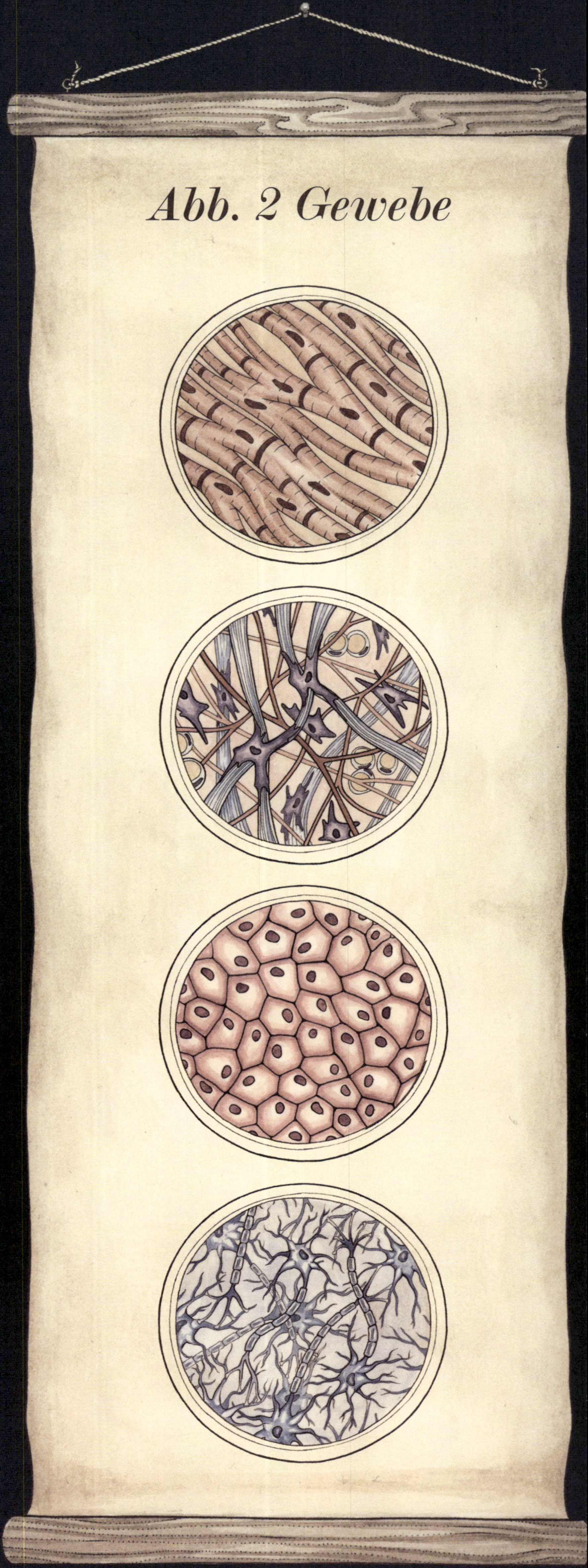
Abb. 2 Gewebe

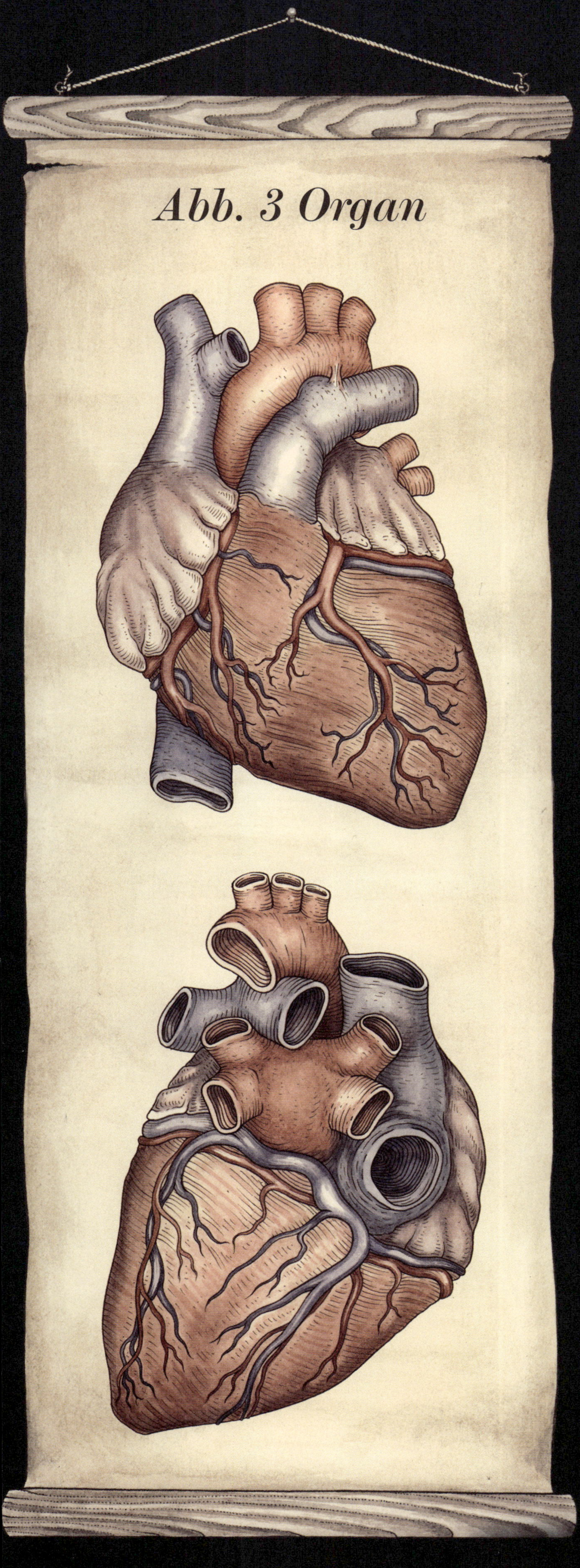
Abb. 3 Organ

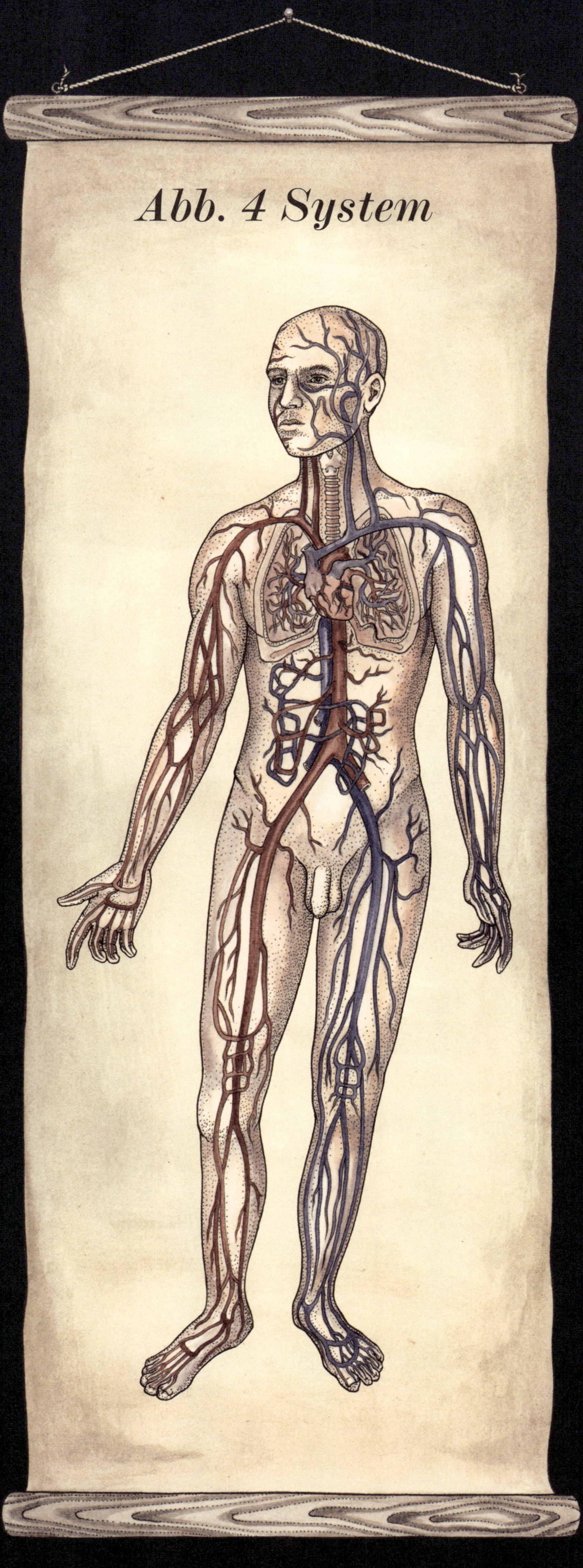
Abb. 4 System

# Die Bausteine des Körpers

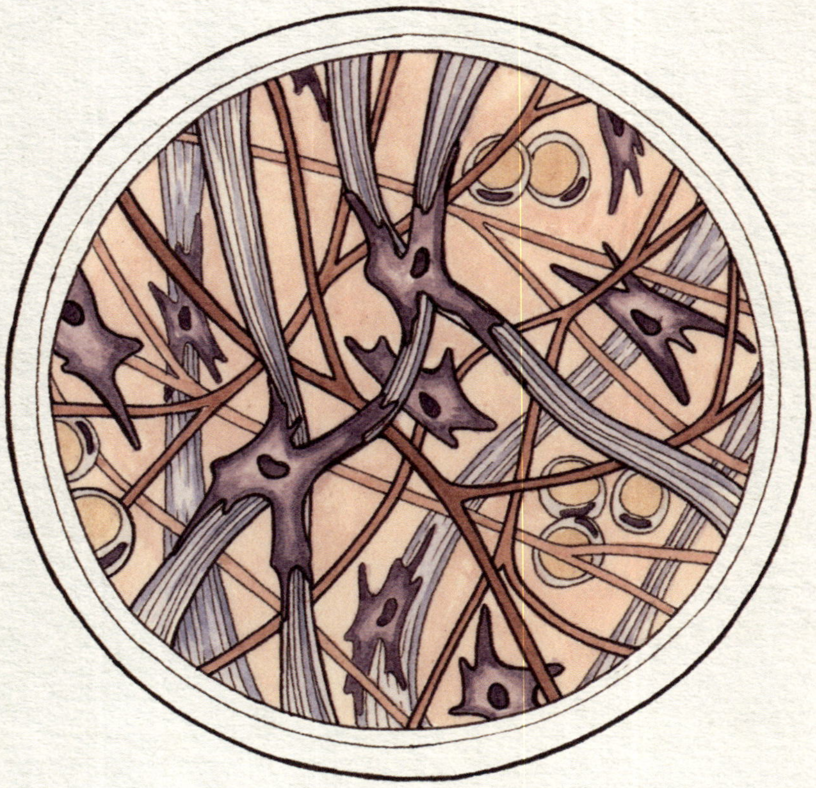

**Der menschliche Körper ist ein kompliziertes Gebilde: zusammengesetzt aus einzelnen Organen, Geweben, Blutgefäßen, Nerven und winzigen Zellen. Seine verschiedenen Bausteine sind in der Anatomie von den kleinsten bis zu den größten Teilen in einer einfach strukturierten Reihenfolge angeordnet.**

Zellen sind die kleinsten Einzelbausteine des Körpers. Im menschlichen Körper gibt es viele Billionen von ihnen, von denen jede ihre eigene spezielle Aufgabe hat. Fast alle enthalten DNA (*Desoxyribonukleinsäure*), das ist die codierte genetische Information, die unsere Eigenschaften bestimmt und uns alle einzigartig macht. Die winzigen einzelnen Zellen können nur mit Hilfe von Mikroskopen betrachtet werden.

Gruppen von Zellen schließen sich zu Körpergeweben zusammen und sind auch ohne Mikroskop sichtbar. Epithelgewebe kleidet das Innere von Organen und Röhren aus und bildet die Außenfläche der Haut. Muskelgewebe ist so etwas wie die Maschinerie des Körpers. Aus ihm bestehen die Strukturen, mit deren Hilfe wir uns bewegen. Das Nervengewebe ist wichtig für die Kommunikation im gesamten Körper und verbindet die verschiedenen Teile mit dem zentralen Kontrollzentrum des Gehirns. Das Bindegewebe schließlich verbindet oder stützt verschiedene Körperteile und hält sie zusammen.

Auf der nächsthöheren Ebene schließen sich mehrere Gewebetypen zu Organen zusammen: einzelne Teile des Körpers mit bestimmten Namen und Funktionen wie Herz, Lunge, Gehirn oder Nieren.

Schließlich verbinden sich mehrere Organe zu Körpersystemen. Der menschliche Körper besteht aus elf Systemen: Skelett-, Muskel-, Verdauungs-, Herz-Kreislauf-, Atmungs-, Harn-, Nerven-, Haut-, Immun-, Fortpflanzungs- und Hormonsystem. Jedes System kümmert sich um einen Komplex zusammenhängender Aufgaben wie die Atmung im Atmungs- oder die Verarbeitung der Nahrung im Verdauungssystem. Trotz ihrer spezialisierten Aufgaben arbeiten alle Systeme harmonisch zusammen, um die Funktionsfähigkeit unseres Körpers aufrechtzuerhalten.

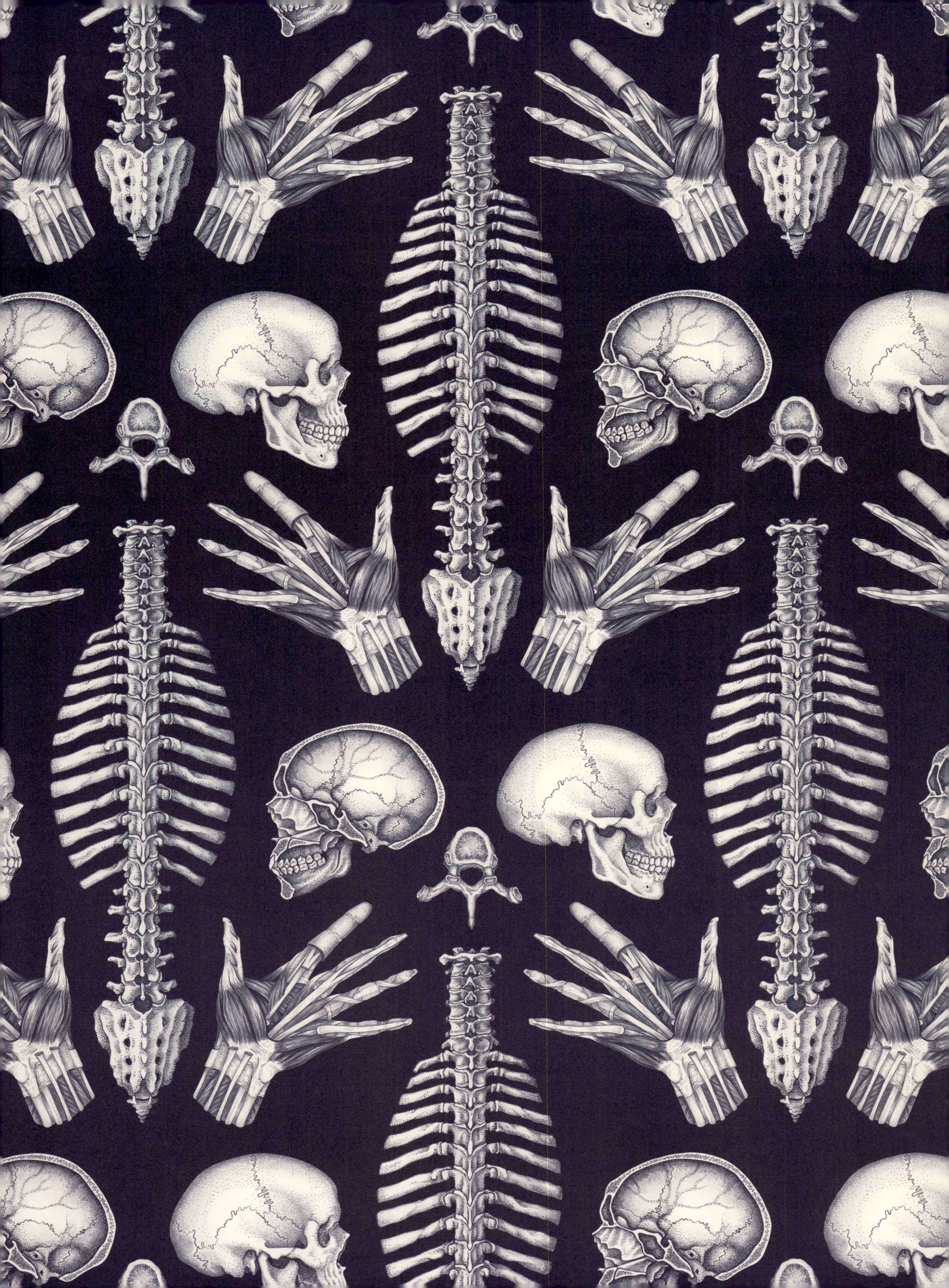

Saal 1

# Das Muskel- und Skelettsystem

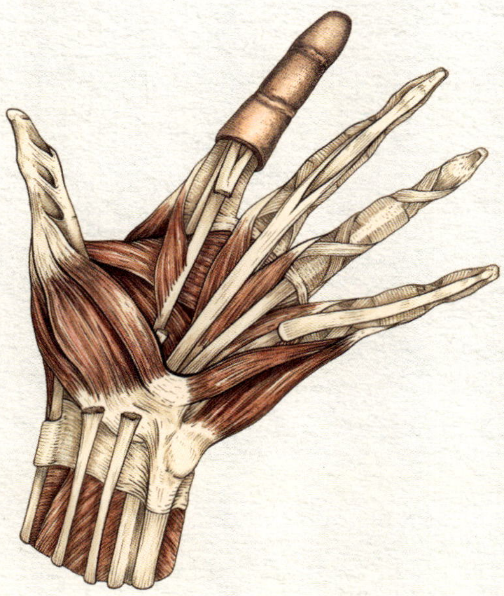

# Das Skelettsystem

Das Skelett bildet das Gerüst für den gesamten menschlichen Körper. Dieses harte, aber biegsame Gestell verleiht uns unser Gesamterscheinungsbild, gibt den Muskeln Halt, schützt die weichen inneren Organe des Körpers und stellt ununterbrochen neue Blutzellen her. Das gesamte Skelett besteht aus 206 Einzelknochen. Gelenke sorgen dafür, dass die Knochen des Skeletts fest miteinander verbunden sind, ermöglichen aber auch, dass wir uns bewegen können.

Anatom*innen unterteilen das Skelett in zwei Teile: Das *Achsenskelett* gibt dem Oberkörper Halt und schützt die inneren Organe. Das *Extremitätenskelett* besteht aus den Knochen der Gliedmaßen und des Beckens. Zum Achsenskelett zählen alle Knochen des Kopfes und des Rumpfes. Sie sollen vor allem das Gehirn, die Sinnesorgane, das Herz und die Lunge schützen. Auch die Wirbelsäule, eine lange Reihe von 33 *Wirbel* genannten Knochen, die das empfindliche Rückenmark umschließen, gehört zum Achsenskelett. Übereinander angeordnet bilden die Wirbel eine gebogene, bewegliche Säule, die sich nach vorne, hinten oder zur Seite biegen lässt. Die Wirbelsäule ist mit dem Schädel am ersten (oder obersten) Wirbel verbunden, der nach der Figur des Atlas aus der griechischen Mythologie benannt ist. Atlas war dazu verdammt, das gesamte Himmelgewölbe auf seinen Schultern zu tragen, so wie der Atlaswirbel das Gewicht des Schädels und des Gehirns tragen muss.

Die Knochen der oberen Gliedmaßen – Arm, Unterarm, Handgelenk und Hand – verfügen über einen größeren Bewegungsspielraum als die anderen Teile des Skeletts. Sie verbinden Kraft mit Geschicklichkeit. Deshalb können wir so unterschiedliche Tätigkeiten wie das Einfädeln eines Fadens in eine Nadel oder das Wegschlagen eines Balls ausführen. Im Gegensatz dazu sorgen die Knochen der unteren Gliedmaßen – in Ober- und Unterschenkel, Knöchel und Fuß – hauptsächlich für Stabilität und tragen unser Gewicht, wenn wir gehen, stehen oder laufen. Der Schlüssel dazu ist der längste und stärkste Knochen des menschlichen Körpers: der Oberschenkelknochen (*Femur*).

### Bildlegende

*1:* **Skelett, von vorne gesehen**
*a)* Schädel (*Cranium*)
*b)* Schlüsselbein (*Clavicula*)
*c)* Brustbein (*Sternum*)
*d)* Oberarmknochen (*Humerus*)
*e)* Rippen (*Costae*)
*f)* Becken (*Pelvis*)
*g)* Elle (*Ulna*)
*h)* Speiche (*Radius*)
*i)* Oberschenkelknochen (*Femur*)
*j)* Kniescheibe (*Patella*)
*k)* Schienbein (*Tibia*)
*l)* Wadenbein (*Fibula*)
*m)* Fußwurzelknochen (*Ossa tarsalia*)
*n)* Mittelfußknochen (*Ossa metatarsalia*)
*o)* Zehenknochen (*Ossa digitorum pedis*)

*2:* **Skelett, von hinten gesehen**
*a)* Erster Halswirbel (*Atlas*)
*b)* Zweiter Halswirbel (*Axis*)
*c)* Wirbelsäule (*Columna vertebralis*)
*d)* Schulterblatt (*Scapula*)
*e)* Handwurzelknochen (*Ossa carpi*)
*f)* Mittelhandknochen (*Ossa metacarpi*)
*g)* Fingerknochen (*Ossa digitorum manus*)
*h)* Darmbein (*Os ilium*), ein Beckenknochen
*i)* Kreuzbein (*Os sacrum*), verschmolzene Wirbel
*j)* Steißbein (*Os coccygis*)
*k)* Fersenbein (*Calcaneus*)

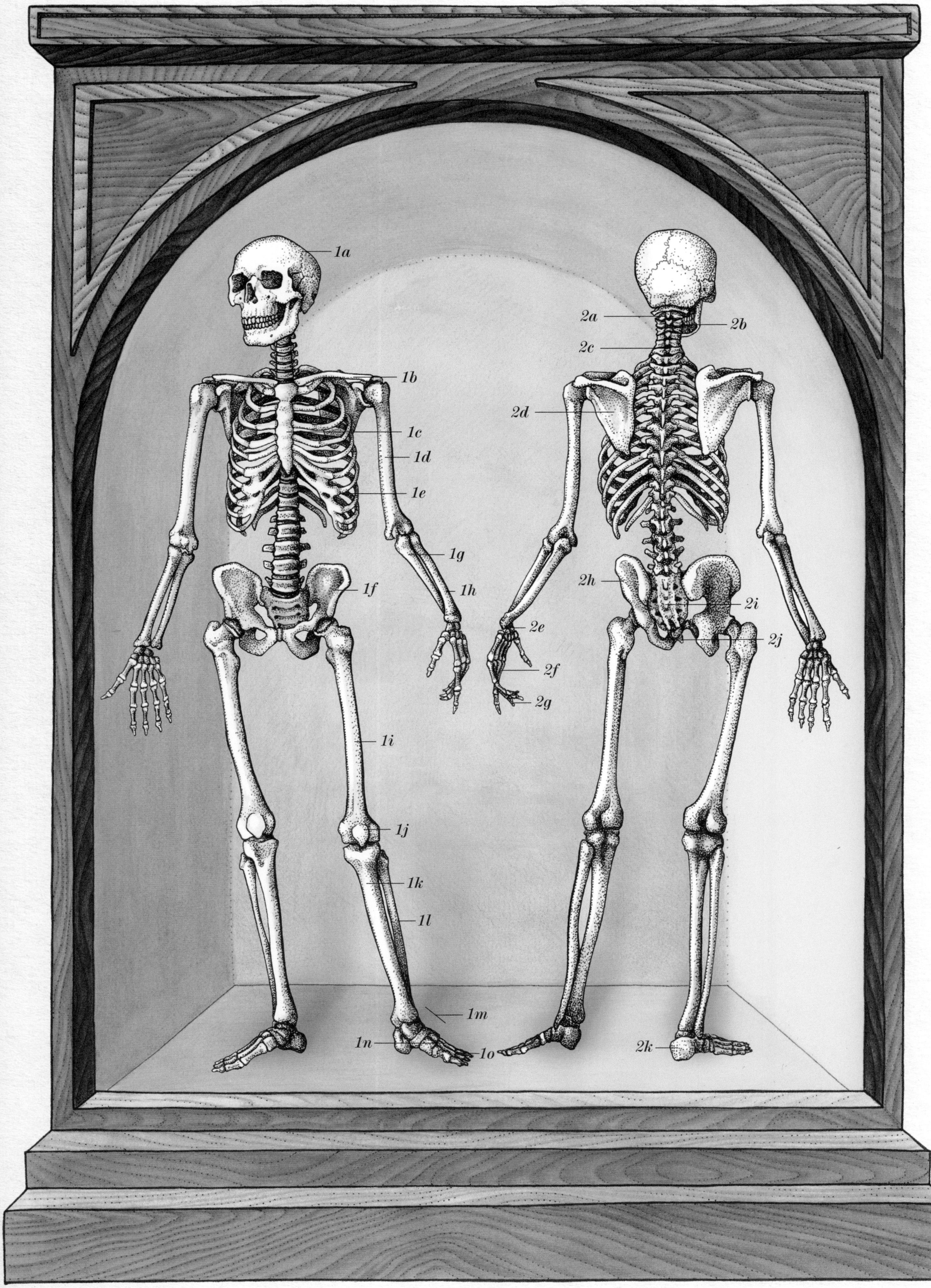
1a
1b
1c
1d
1e
1f
1g
1h
1i
1j
1k
1l
1m
1n
1o
2a
2b
2c
2d
2e
2f
2g
2h
2i
2j
2k

# Knochen

Knochen gibt es in allen Formen und Größen, aber man kann sie grob in fünf Typen einteilen: Lange Knochen, kurze Knochen, platte Knochen, Sesambeine und unregelmäßige Knochen. Lange Knochen, auch Röhrenknochen, wie die des Arms oder des Oberschenkels, tragen in der Regel das Gewicht des Körpers. Kurze Knochen, wie im Hand- und Fußgelenk, sind in etwa würfelförmig und stützen die Gelenke. Flache Knochen, wie die Schädelknochen, sind dünn und gebogen und schützen die Organe des Körpers. Sesambeine (benannt nach ihrer Ähnlichkeit mit Sesamkörnern), sind kleine, runde Knochen, die manchmal an Gelenken zu finden sind, z.B. die Kniescheibe. Alle anderen werden als unregelmäßige Knochen bezeichnet. Sie haben, wie z.B. die Knochen der Wirbelsäule, genau auf ihre Funktion zugeschnittene und deshalb unterschiedliche Formen.

Alle Knochen bestehen aus einer Substanz, die mineralisiertes Kollagen heißt: eine Mischung aus Kalziummineralien, die die Knochen stabil machen, und Kollagen, das die Knochen ein wenig elastisch hält. Diese Kombination sorgt dafür, dass die Knochen stark sind und unter Druck nicht brechen. Knochen sind im Verhältnis zum Gewicht etwa viermal so stark wie Beton und elastischer als ein Stahlstab.

Viele Hundert Jahre lang war die Wissenschaft der Überzeugung, Knochen seien trocken und leblos. Doch heute wissen wir, dass sie ständig wachsen und auf ihre Umgebung reagieren. Wir werden mit über 300 Knochen geboren, doch mit zunehmendem Alter verschmelzen einige von ihnen – es bleiben die 206 Knochen des erwachsenen Skeletts. Knochen haben die Fähigkeit, sich selbst zu reparieren. Eine ergiebige Blutversorgung sorgt dafür, dass Nährstoffe direkt an die beschädigte Stelle eines jeden Knochens geleitet werden. So heilen die meisten Knochenbrüche innerhalb von nur sechs Wochen. Zudem reagieren die Knochen auf unseren Lebensstil, insbesondere auf körperliche Betätigung: Bei vermehrter Bewegung wird mehr Knochen gebildet. Tennisspieler haben zum Beispiel in ihrem Aufschlagarm oft stärkere Knochen als in ihrem anderen Arm. Im Gegensatz dazu führt Inaktivität z.B. durch lange Krankheit oder bei Astronaut*innen im Weltraum dazu, dass die Knochen schwächer werden und eher zu Brüchen neigen. Daran sieht man, dass der beste Weg zu starken, gesunden Knochen darin besteht, sich regelmäßig zu bewegen.

## Bildlegende

***1:* Wirbel**

*a)* Einzelner Wirbel (von oben): Wirbel sind unregelmäßig geformte Knochen, deren komplexe Form dem Oberkörper Halt gibt. Das Rückenmark verläuft durch ein Loch in der Mitte des Wirbels, das Wirbelloch (*Foramen vertebrale*).

*b)* Wirbelsäule und Rippen (von hinten): Die Wirbelsäule, oder Rückgrat, besteht aus 33 einzelnen Wirbeln. Die Rippen sind an 12 von ihnen gelenkig angebracht und bilden so insgesamt 24 Rippen.

***2:* Knochen der Knieregion**

*a)* Oberschenkelknochen (*Femur*)

*b)* Schienbein (*Tibia*)

*c)* Kniescheibe (*Patella*): Beispiel für ein Sesambein: ein Knochen innerhalb einer Sehne, der einem Sesamkorn ähnelt.

*d)* Wadenbein (*Fibula*)

***3:* Knochen des rechten Fußes (von oben)**

Die 26 Knochen des Fußes haben unterschiedliche Formen und Größen. Die Fußwurzelknochen, die den Knöchelbereich bilden, sind kurze, ineinander passende Knochen.

***4:* Brustbein (von vorne)**

Das *Sternum*, oder Brustbein, ist ein flacher Knochen an der Vorderseite des Brustkorbs. Er sieht ein wenig aus wie eine Krawatte oder ein Schwert, verbindet die Rippenknorpel auf beiden Seiten des Brustkorbs miteinander und trägt dazu bei, das empfindliche Herz und die Lunge zu schützen.

***5:* Oberschenkelknochen**

*a)* von hinten: Die Kugel an der Spitze dieses Röhrenknochens ist der Hüftkopf (Teil des Hüftgelenks).

*b)* Querschnitt des Oberschenkelknochens von vorne: Der Oberschenkel-Röhrenknochen hat einen langen Schaft zwischen den beiden abgerundeten Enden. Die äußere Oberfläche des Schafts besteht aus kompaktem Knochen *(i)*, was dem Oberschenkelknochen seine Festigkeit verleiht. Der luftgefüllte Bälkchenknochen (*Spongiosa*) *(ii)* an den abgerundeten Enden macht den Knochen leichter. Den Schaft durchzieht eine Knochenmarkhöhle *(iii)* mit Blutgefäßen, Nerven und Knochenmark, wo die Blutzellen gebildet werden.

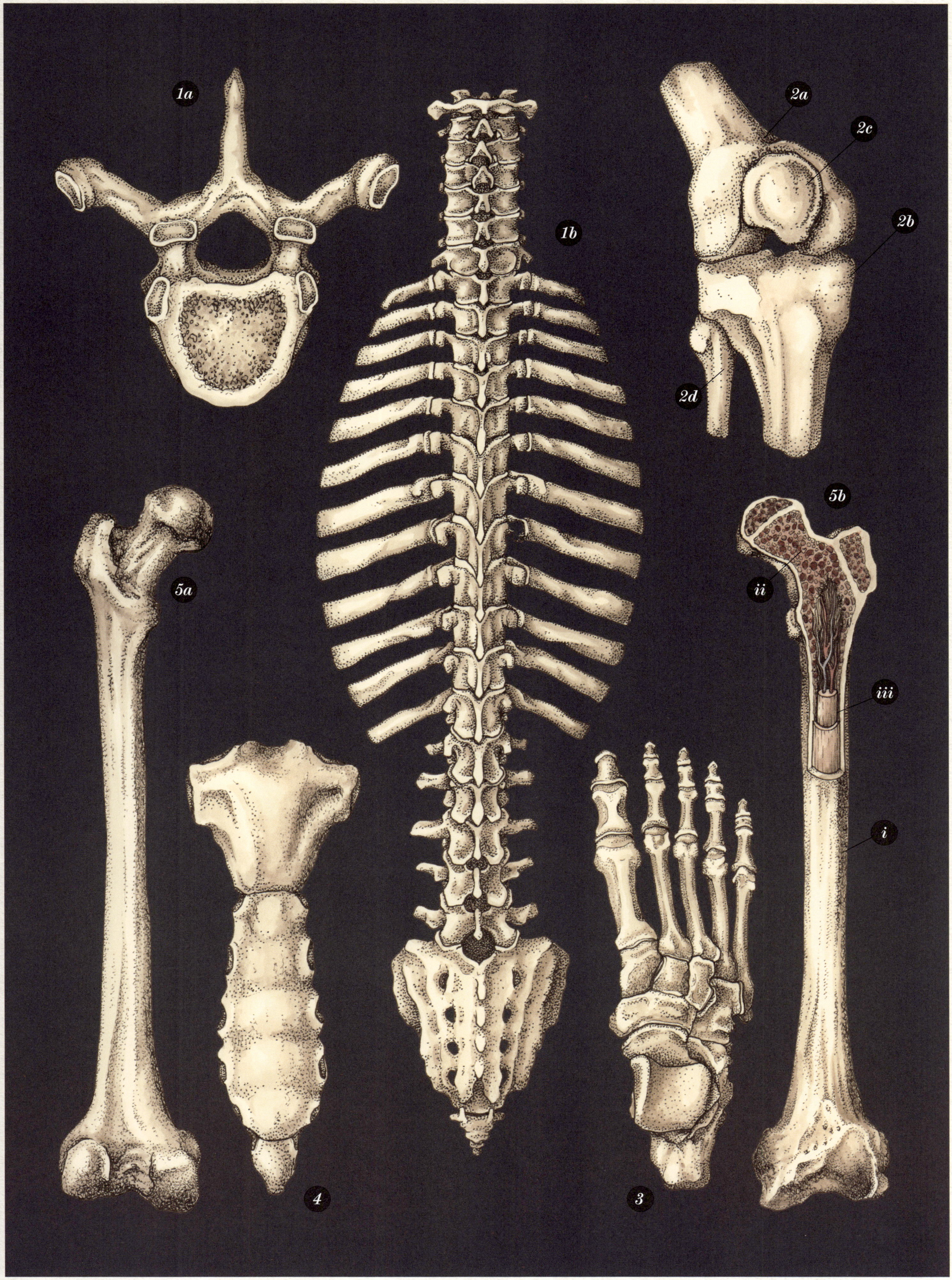
1a
1b
2a
2c
2b
2d
5a
5b
ii
iii
i
4
3

# Der Schädel

Unter der Haut und den Muskeln unseres Kopfes liegt der Schädel, der das Gehirn und die Sinnesorgane (Augen, Ohren, Nase und Zunge) beherbergt. Obwohl er wie ein einziger Knochen aussieht, besteht er in Wirklichkeit aus 22 Einzelknochen, von denen die meisten an unbeweglichen Gelenken, den Knochennähten, verbunden sind. Der obere Teil, der Hirnschädel, besteht aus acht Knochen und wirkt wie ein Helm, der das empfindliche Gehirn im Inneren vor Verletzungen schützt. Die anderen 14 Knochen geben Gesicht und Kiefer ihre Form. Nur einer von ihnen, der Unterkiefer (*Mandibula*), kann sich bewegen. Dieser Knochen ist über ein Scharniergelenk mit dem Schädel verbunden. So ist es uns möglich, den Kiefer beim Kauen und Sprechen zu öffnen und zu schließen.

Die meisten Knochen im Gesicht sind nicht massiv, sondern enthalten luftgefüllte Hohlräume, die so genannten Sinusse. Diese reduzieren das Gesamtgewicht des Schädels und verleihen unserer Stimme beim Sprechen einen tieferen, klareren Klang, da die Luft in ihnen vibrieren kann. Zusätzlich zu den Sinussen gibt es eine Reihe von Öffnungen, die durch die Schädelknochen verlaufen und als *Foramina* bezeichnet werden. Sie ermöglichen die Verbindung des Gehirns mit anderen Teilen des Körpers über Nerven sowie die Blutversorgung von Gehirn und Gesicht. Die größte Öffnung im gesamten Schädel befindet sich an seiner Basis: Es ist das *Foramen magnum*, was so viel wie „großes Loch" bedeutet. Dieser große, ovale Bereich ist der Ort, an dem das Gehirn mit dem Rückenmark verbunden ist.

Vielleicht fällt dir auf, dass weder Ohren noch Nase am Schädel zu sehen sind. Das liegt daran, dass die äußere Form von Nase und Ohr aus Knorpel besteht, einem Material, das weicher ist und schneller zerfällt als Knochen.

Nach dem Tod kann ein Schädel viele Hinweise auf die Person geben, zu der er gehörte. Anhand der Größe und der Merkmale des Schädels lassen sich etwa Alter sowie Geschlecht feststellen, und (wie bei anderen Knochen) kann man erkennen, an welchen Krankheiten eine Person gelitten oder sogar, wo sie gelebt hat. Paläoanthropolog*innen studieren Knochen, um etwas über alte Kulturen zu erfahren. Forensische Osteolog*innen hingegen untersuchen sie, um im Rahmen von Kriminalfällen wichtige Hinweise auf die Todesursache zu erhalten.

## Bildlegende

*1:* **Schädel eines Erwachsenen**
*a)* von vorne
*b)* von hinten: Zu sehen sind die Pfeil- *(i)* und Lambdanähte *(ii)*, die das Scheitelbein *(iii)* und das Hinterhauptsbein *(iv)* miteinander verbinden.
*c)* von unten (ohne Kiefer): Die große zentrale Öffnung in der Basis des Schädels heißt *Foramen magnum*. Hier tritt das Rückenmark aus dem Schädel aus und in die Wirbelsäule ein.
*d)* von der Seite: Die Kranz- *(i)*, Schuppen- *(ii)* und Lambdanähte *(iii)*, die das Stirn- *(iv)*, Scheitel- *(v)*, Schläfen- *(vi)* und Hinterhauptsbein *(vii)* miteinander verbinden
*e)* Querschnitt von der Seite: Der Raum im Inneren des Schädels, in dem das Gehirn sitzt, wird als Schädelgrube bezeichnet.

*2:* **Schädel eines Neugeborenen**
Anders als die miteinander verbundenen und unbeweglichen Knochen eines Erwachsenenschädels, sind die Gelenkstellen zwischen den Knochen bei Säuglingen noch nicht verhärtet. Stattdessen bestehen die Nähte aus einem viel flexibleren Material, was zu „weichen Stellen" (Fontanellen) im Schädel eines Babys führt. Die Gehirne von Babys wachsen während ihrer Entwicklung schnell, von nur etwa 350 g bei der Geburt auf fast 600 g in den ersten drei Monaten. Das ist etwa die Hälfte der Größe eines Erwachsenengehirns. Die Fontanellen sorgen dafür, dass der Schädel dieses schnelle Wachstum problemlos bewältigen kann.
*a)* von oben: Der rautenförmige „weiche" Bereich wird als Fontanelle *(i)* bezeichnet.
*b)* von vorne: Beim Säuglingsschädel sind Stirn und Augenhöhlen ausgeprägter und der Kiefer kleiner als beim typischen Erwachsenenschädel.
*c)* von der Seite: Auffällig sind die vorstehende Stirn und die Form des kleinen Kiefers.

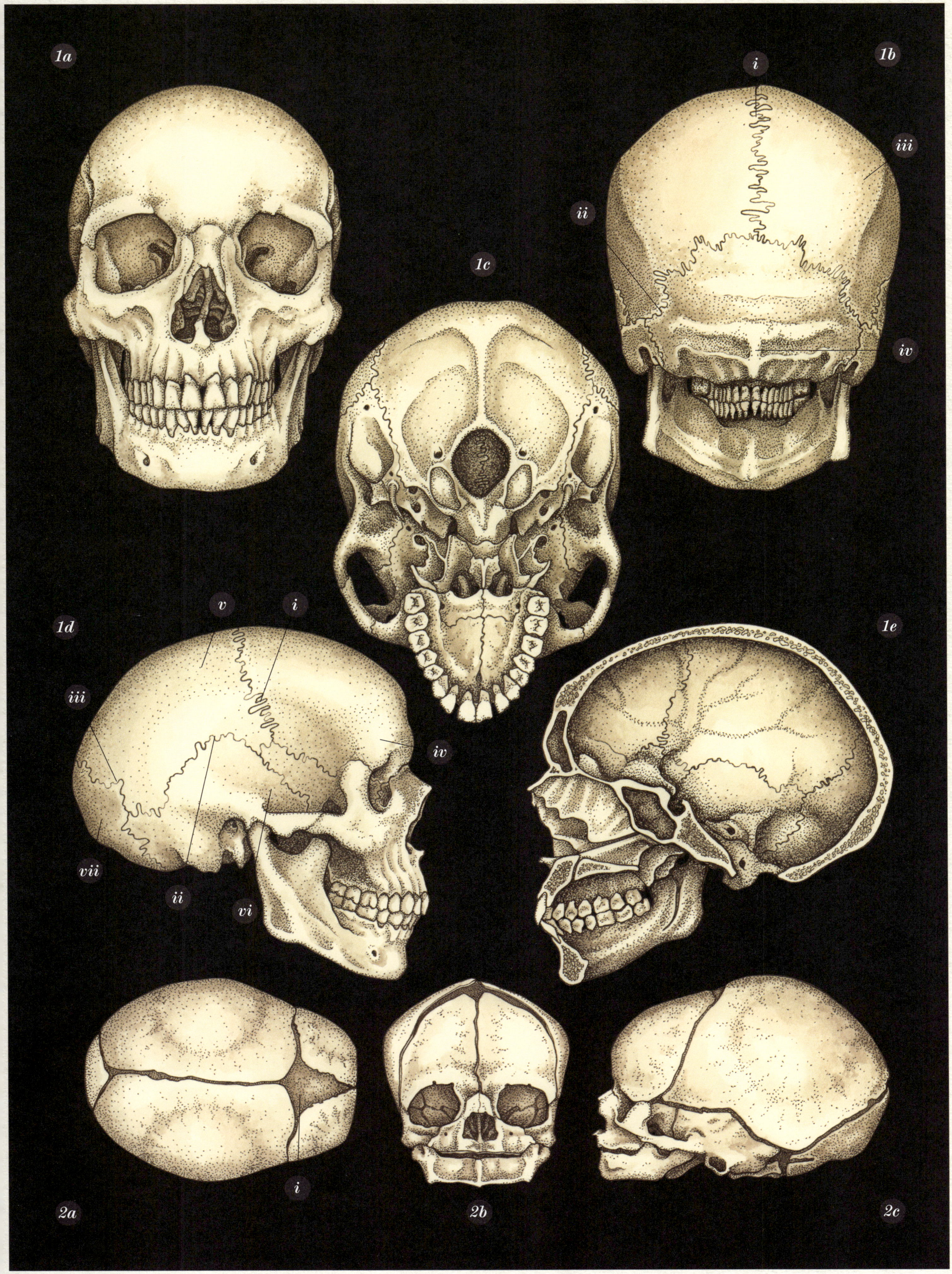
1a
1b
i
iii
ii
1c
iv
1d
v
i
1e
iii
iv
vii
ii
vi
i
2a
2b
2c

# Die Gelenke

Die mehr als 300 Gelenke im menschlichen Körper sind die Stellen, an denen zwei oder mehr Knochen im Skelett miteinander verbunden sind. Mit Ausnahme des Zungenbeins im Halsbereich hängt jeder Knochen mit mindestens einem anderen zusammen. Die Gelenke werden oft als die beweglichen Teile des Skeletts angesehen, dabei gibt es unterschiedliche Arten von Gelenken: einige sind beweglich, andere völlig starr.

Bindegewebige Knochenverbindungen sind unbeweglich. Sie haben die wichtige Funktion, die Knochen zusammenzuhalten und für Stabilität zu sorgen. Die Schädelknochen von Erwachsenen sind beispielsweise an bindegewebigen Gelenken, den Nähten, miteinander verbunden. Bindegewebige Knochenverbindungen halten auch die Zähne sicher im Kiefer.

Etwas flexibler sind die knorpeligen Knochenverbindungen. Bei ihnen sitzt eine Knorpelschicht (ein Gewebe, das weicher als Knochen ist) zwischen den Knochen. Solche Gelenke befinden sich zwischen den Rippen und dem Brustbein, zwischen den beiden Seiten des Beckens und zwischen den Wirbeln der Wirbelsäule. Da diese Gelenke ein wenig Bewegung zulassen, können die Knochen bei Bedarf ihre Position leicht verändern. So werden die Gelenke des Beckens beispielsweise während der Schwangerschaft beweglicher, was Frauen die Geburt erleichtert.

Am häufigsten sind die beweglichen Gelenke (*echte* oder *synoviale Gelenke* genannt), zu denen Hüfte, Knie, Schulter und Ellenbogen gehören. Obwohl jedes Gelenk eine einzigartige Form hat, ist die Grundstruktur bei allen echten Gelenken gleich. Die Enden der Knochen sind mit einer Schicht aus hyalinem Knorpel überzogen, der die Reibung beim Aneinandervorbeigleiten der Knochen verringert. Die Knochen werden durch zähe Bindegewebsbänder, die so genannten Ligamente, zusammengehalten, während eine starke, aber flexible Kapsel das Gelenk wie eine Manschette umhüllt und es so zusammenhält. Diese Gelenke enthalten auch eine glitschige, Synovia genannte Flüssigkeit, die sie gut schmiert, ähnlich wie Öl ein Metallscharnier leichter beweglich macht.

Hast du schon einmal deine Kniegelenke „knacken" gehört, wenn du schnell aufgestanden bist? Oder deine Knöchel? Dieses Geräusch klingt, als ob irgendetwas nicht stimmt, ist aber nur das Platzen von Luftblasen in der Gelenkflüssigkeit und völlig harmlos.

### Bildlegende

*1:* **Drehgelenke**
Bei Drehgelenken dreht sich ein Knochen um einen anderen, zum Beispiel zwischen dem ersten und zweiten Wirbel der Wirbelsäule. So drehen wir unseren Kopf von einer Seite zur anderen.

*2:* **Kugelgelenk**
Der Name dieses Gelenks rührt daher, dass die „Kugel" eines Knochens, in der Regel eines Röhrenknochens, in eine entsprechende „Pfanne" am benachbarten Knochen passt.
Es ermöglicht Bewegungen in viele verschiedene Richtungen (Beugung, Drehung usw.). Beispiele sind das Schulter- und das Hüftgelenk.

*3:* **Scharniergelenk**
Scharniergelenke ermöglichen Bewegungen nur in eine Richtung, wie Scharniere an Türen. Sie lassen Beugungen, aber keine Drehung zu. Die wichtigsten Scharniergelenke befinden sich an den Ellenbogen, Knien und Fußgelenken.

*4:* **Eigelenk**
Bei dieser Gelenkform ist ein Knochen abgerundet und passt in eine flache Vertiefung des Nachbarknochens. Eigelenke (auch *Ellipsoidgelenke*), wie z.B. das Handgelenk, ermöglichen Bewegungen in viele Richtungen.

*5:* **Sattelgelenk**
Diese Gelenke, die wie ein Sattel auf einem anderen Knochen aufliegen, ermöglichen seitliche Bewegungen und Beugungen, aber keine Drehbewegungen. Dazu gehört das Gelenk zwischen Handwurzel- und Mittelhandknochen des Daumens.

*6:* **Ebenes Gelenk**
Diese Gelenke (auch plane Gelenke), befinden sich dort, wo Knochen flach aneinander liegen. Sie ermöglichen es den Knochen, von einer Seite zur anderen oder auf und ab zu gleiten. Beispiele sind Knochenverbindungen im Bereich des Hand- und des Sprunggelenks.

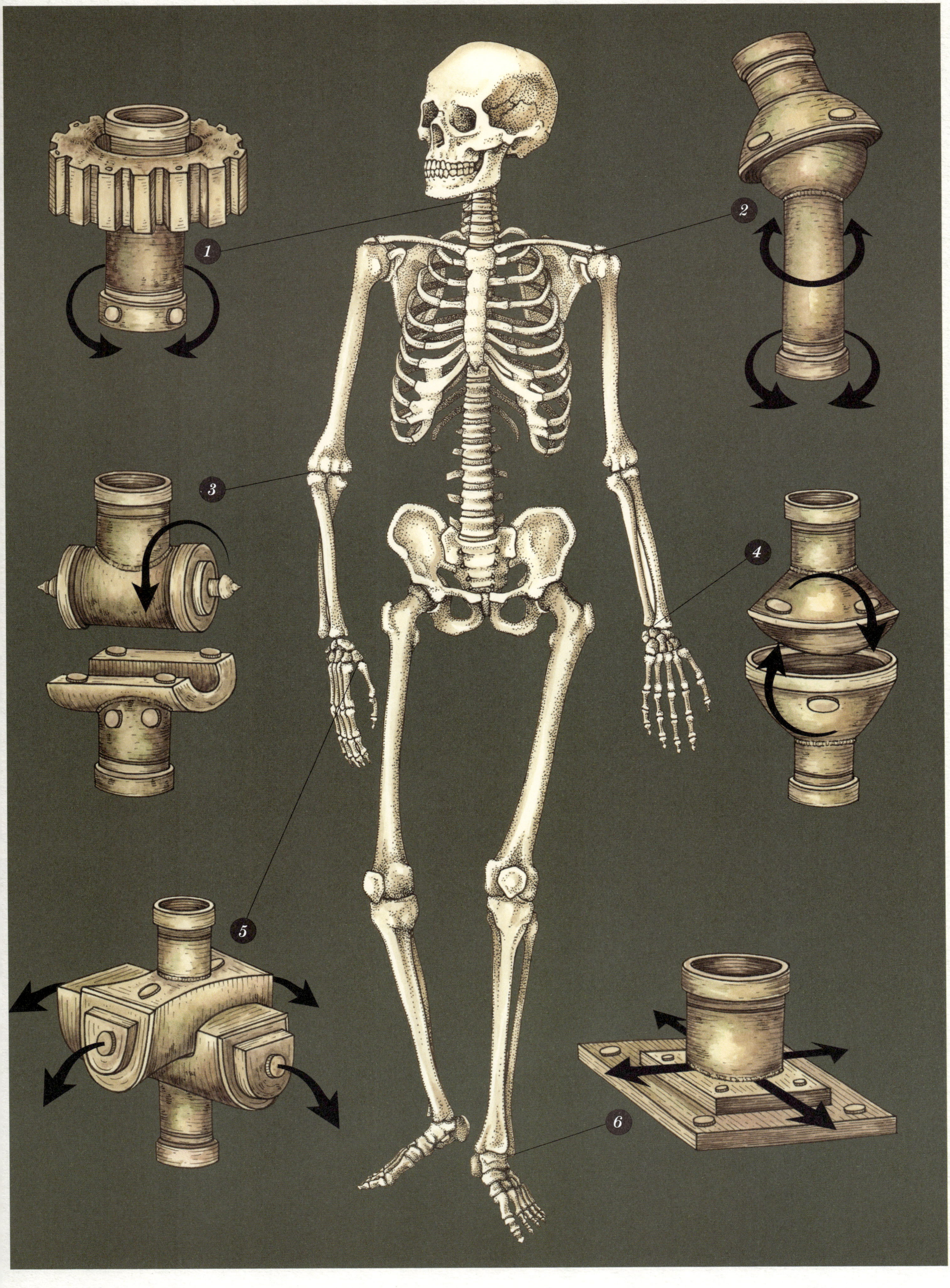
1
2
3
4
5
6

# Das Bindegewebe

Knochen und Muskeln sind nicht die einzigen Gewebearten des Bewegungsapparats. Zwischen den Knochen und den Muskeln gibt es eine Reihe von Bindegeweben – Sehnen, Bänder und Knorpel –, die das gesamte Skelett verbinden, stützen und schützen. Sehnen sind dicke Gewebebänder, die den Muskel mit dem Knochen verbinden. Wenn sich ein Muskel zusammenzieht, verkürzt er sich und zieht an der Sehne, so dass sie den Knochen bewegt. Sehnen bestehen aus einem Protein namens Kollagen, dessen lange Fasern nebeneinander in einer Struktur angeordnet sind, die an ein dickes, starkes, dehnbares Seil erinnert.

Bänder haben eine ähnlich seilartige Struktur und bestehen ebenfalls aus Kollagen. Allerdings verbinden die Bänder nicht Muskeln mit Knochen, sondern Knochen mit Knochen und tragen so zur Stabilität der Gelenke bei. Im Allgemeinen gilt: Je schlechter die Knochen des Gelenks ineinandergreifen, desto besser müssen die Bänder am Gelenk sein. Zum Beispiel passen die Knochen des Knies nicht sonderlich gut zusammen, daher hat das Kniegelenk mehrere Bänder innerhalb und außerhalb des Gelenks, die für Stabilität sorgen.

Knorpel ist eine weiche, biegsame Substanz, die überall im Körper in drei verschiedenen Arten vorkommt. Hyaliner Knorpel befindet sich an der Knochenoberfläche in beweglichen Gelenken, wo er als Stoßdämpfer fungiert und die Reibung zwischen den Knochen verringert. Während Sehnen und Bänder stark sind, wenn sie gezogen werden, ist der Knorpel am stärksten, wenn er gedrückt wird. Er ist daher gut geeignet, die Kräfte abzupuffern, die bei sportlichen Bewegungen wie Springen, Laufen etc. auftreten. Eine andere Art von Knorpel, der Faserknorpel, findet sich in den weichen, gelartigen Bandscheiben zwischen den Wirbeln der Wirbelsäule und auch zwischen den Knochen des Kniegelenks. Der elastische Knorpel schließlich, ein zurückfederndes Gewebe, gibt der Ohrmuschel ihre Gestalt. Er bringt das Ohr automatisch wieder in die richtige Form, wenn es umgebogen wurde.

### Bildlegende

*1:* **Kniegelenk und Bein (ohne Muskeln), von vorne seitlich gesehen**
*a)* Quadrizepssehne: Sie verbindet den Quadrizepsmuskel mit dem Schienbein (*Tibia*) und hält die Kniescheibe (*Patella*).
*b)* Kniescheibe (*Patella*)
*c)* Äußeres Seitenband (*Ligamentum collaterale fibulare*): Es verbindet Oberschenkelknochen und Wadenbein.
*d)* Knorpel: Befindet sich an der Oberfläche der Knochen, wo sie auf andere Knochen treffen, um Reibung zu verringern.
*e)* Vorderes und hinteres Kreuzband: Bänder im Kniegelenk, die Oberschenkelknochen und Schienbein miteinander verbinden.
*f)* Kniescheibenband: Es verbindet die Kniescheibe mit dem Schienbein.
*g)* Bänder des Sprunggelenks: Sie halten die Sprunggelenksknochen zusammen und sorgen für Stabilität.

*2:* **Kniegelenk und Bein (mit Muskeln), von hinten gesehen**
*a)* Zwillingswadenmuskel (*Musculus gastrocnemius*)
*b)* Achillessehne: Die größte und stärkste Sehne des Körpers ist an der Fersenrückseite gut zu tasten. Sie verbindet den Wadenmuskel mit dem Fersenbein. Wenn sich der Muskel zusammenzieht, hebt er das Fersenbein nach oben und uns auf die Zehenspitzen. Die Sehne ist nach dem Krieger Achilles aus der griechischen Mythologie benannt, der als unsterblich galt, nachdem er als Baby in den Fluss Styx getaucht worden war. Nur die Ferse, an der seine Mutter ihn gehalten hatte, kam nicht mit dem Wasser in Berührung. Achilles wurde später durch einen Pfeilschuss in die Ferse getötet: seine einzige Schwachstelle (daher auch der Ausdruck „Achillesferse"). Die Benennung der Achillessehne erinnert daran, wie angreifbar wir sind, wenn diese wichtige Sehne verletzt wird.
*c)* Fersenbein (*Calcaneus*)

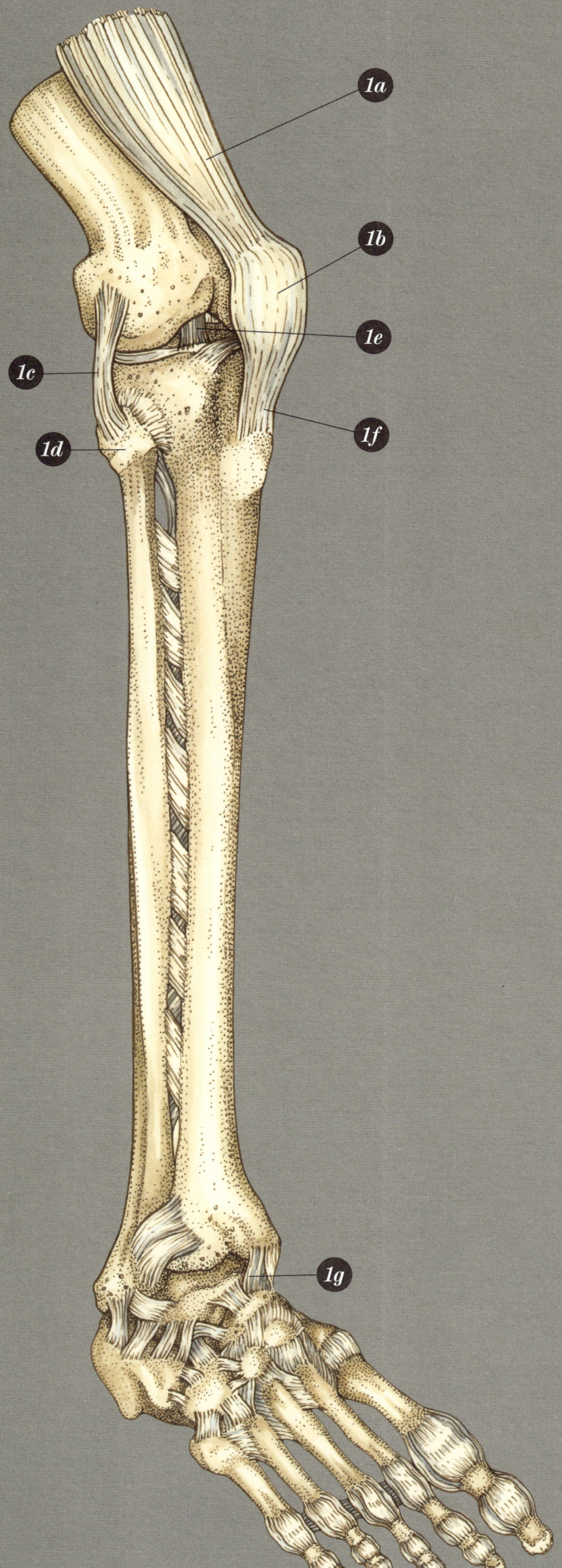
1a
1b
1e
1c
1f
1d
1g

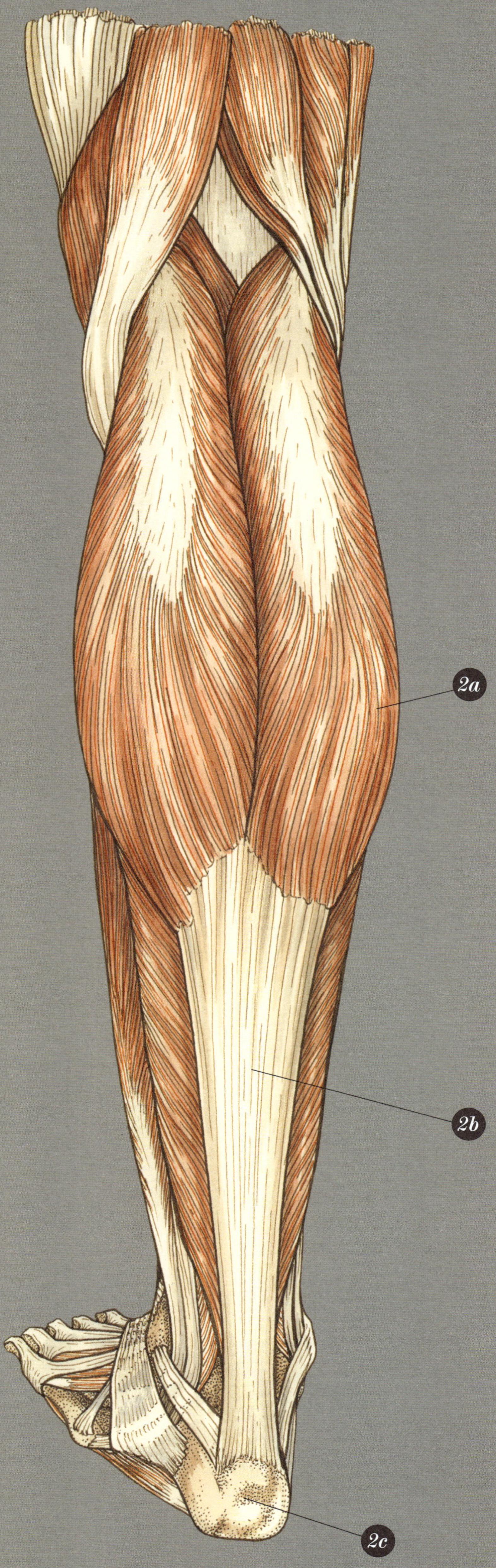
2a
2b
2c

# Das Muskelsystem

Von den ersten vorsichtigen, tastenden Schritten eines Kleinkinds in die Welt bis hin zur Schnelligkeit einer olympischen Athletin oder der Anmut eines Balletttänzers: das Muskelsystem ist für jede Art von Bewegung verantwortlich.

Alle Muskeln – Skelettmuskeln, Herzmuskeln und glatte Muskeln – haben eine wichtige Eigenschaft gemeinsam: Sie sind in der Lage sich zusammenzuziehen oder zu verkürzen und so einen Teil des Körpers zu bewegen. Skelettmuskeln ziehen an den Knochen, mit denen sie verbunden sind, und bringen sie in eine neue Position. Diese Muskeln können nur in eine Richtung ziehen. Deshalb arbeiten sie normalerweise als Paar zusammen. Ein Muskel zieht sich zusammen, um das Gelenk zu beugen, sein Gegenstück sorgt durch Zusammenziehen wieder für Streckung. Wenn sich zum Beispiel der Bizepsmuskel in deinem Oberarm zusammenzieht, zieht er an den Sehnen, die mit deinem Unterarm verbunden sind. So hebt er deine Hand und dein Handgelenk nach oben. Um den Unterarm wieder abzusenken, entspannt sich der Bizeps und der Trizepsmuskel an der Unterseite des Arms zieht sich stattdessen zusammen. Die Skelettmuskeln formen unseren Körper und machen etwa 40 Prozent des gesamten Körpergewichts eines Erwachsenen aus.

Neben der Bewegung des Skeletts hat das Muskelsystem noch andere wichtige Aufgaben: Es pumpt mit dem Herzmuskel das Blut durch den Körper und bewegt mit Hilfe der glatten Muskulatur die Nahrung durch den Verdauungstrakt. Zudem ist die Skelettmuskulatur für unsere Kommunikation extrem wichtig: Sie steuert die Mimik. Muskeln spielen sogar eine Rolle, wenn es darum geht, uns warm zu halten: Muskelkontraktionen produzieren etwa 70 Prozent unserer gesamten Körperwärme.

### Bildlegende

*1:* **Skelettmuskeln, von hinten**
Es gibt mehr als 600 benannte Skelettmuskeln in unserem Körper. Ihre Namen folgen einfachen Regeln, die auf der Wirkung, der Form, der Größe oder der Lage des Muskels beruhen. Flexor und Extensor sind häufig verwendete Namensbestandteile, die ihre Funktion als Beuger (Flexor) oder Strecker (Extensor) an Gelenken kennzeichnen. Wissenschaftliche Begriffe beziehen sich auch auf die vergleichende Größe von Muskeln wie *maximus* (groß), *minimus* (klein), *longus* (lang) und *brevis* (kurz). Das Wort Muskel selbst stammt aus dem Lateinischen. Musculus bedeutet Mäuschen: Der gewölbte Muskelbauch mit der Sehne, die ihn am Knochen befestigt, ähneln einer Maus und ihrem Schwanz.

*a)* Trapezmuskel (*M. trapezius*)
*b)* Breiter Rückenmuskel (*M. latissimus dorsi*)
*c)* Großer Gesäßmuskel (*M. gluteus maximus*)
*d)* Rückseitige Oberschenkelmuskulatur (*Semitendinosus*, *Semimembranosus* und *Biceps femoris*)
*e)* Zweiköpfiger Wadenmuskel (*M. gastrocnemius*)
*f)* Dreiköpfiger Oberarmmuskel (*M. trizeps brachii*)
*g)* Deltamuskel (*M. deltoideus*)

*2:* **Skelettmuskeln, von vorne**
*a)* Großer Brustmuskel (*M. pectoralis major*)
*b)* Zweiköpfiger Oberarmmuskel (*M. biceps brachii*)
*c)* Gerader Bauchmuskel (*M. rectus abdominis*)
*d)* Vierköpfiger Oberschenkelmuskel (*M. quadrizeps femoris: M. rectus femoris, M. vastus lateralis, M. vastus medialis, M. vastus intermedius*)
*e)* Vorderer Schienbeinmuskel (*M. tibialis anterior*)

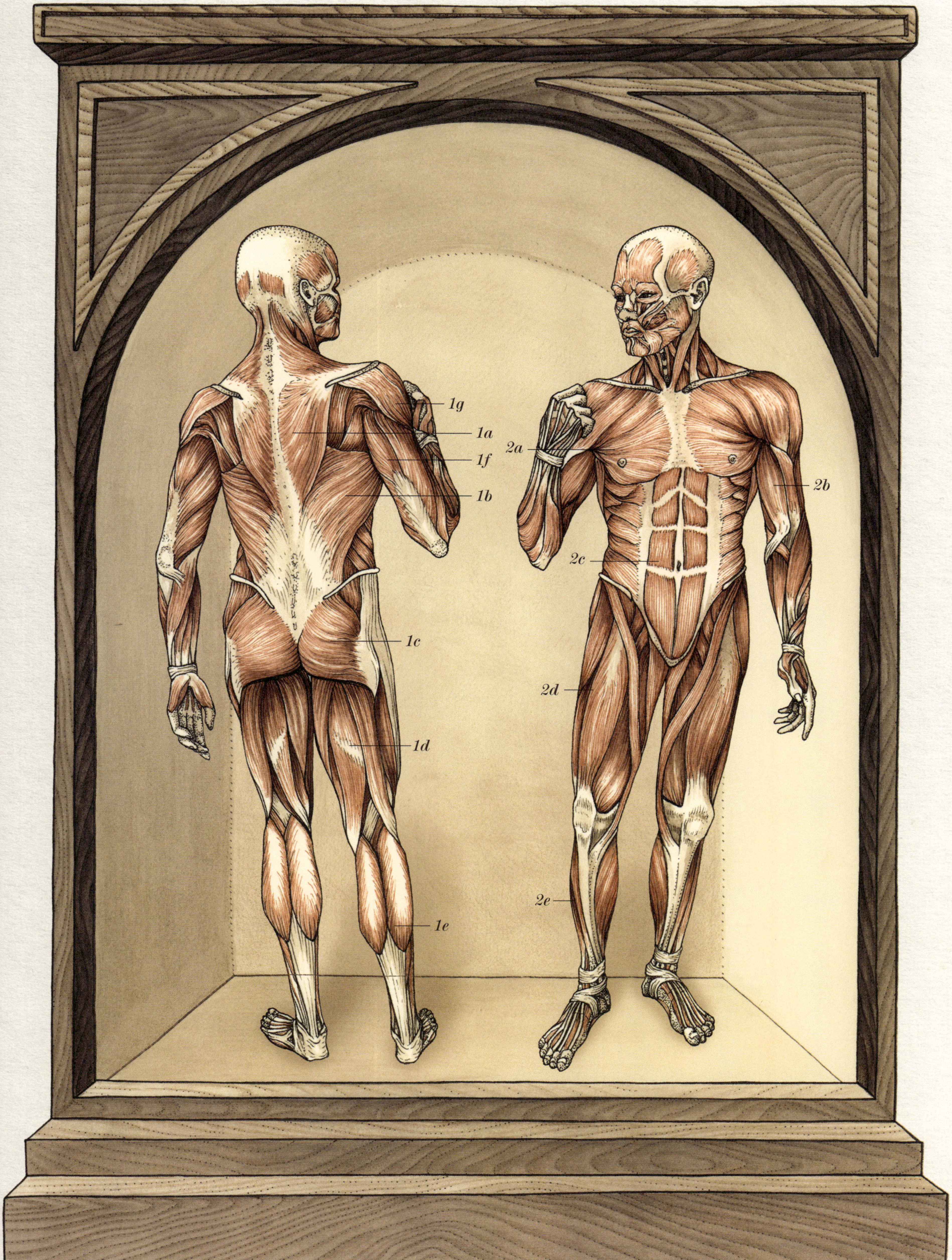
1g
1a
1f
1b
1c
1d
1e
2a
2b
2c
2d
2e

# Das Muskelgewebe

Muskelgewebe besteht aus Tausenden von langen, dünnen Zellen, den Muskelzellen oder Myozyten, die sich zusammenziehen, um die Form des Muskels zu verändern. Skelettmuskeln, Herzmuskeln und glatte Muskeln sind alle aus Muskelzellen aufgebaut, deren Anordnung ist aber sehr unterschiedlich. Manche Muskeln bewegen sich unwillkürlich (automatisch), andere steuern wir willkürlich (bewusst).

Skelettmuskeln, die am Skelett des Körpers befestigt sind, bestehen aus Myozyten, die in langen, dünnen Strängen, den Muskelfasern, zusammengefasst sind. Diese bilden die gerundete Anschwellung, den so genannten Muskelbauch, den man unter der Haut sieht. Skelettmuskeln werden willentlich gesteuert, d.h. wir müssen sie bewusst bewegen: Dazu werden elektrische Signale vom Gehirn über das Rückenmark an Nerven im Muskel gesendet.

Im Gegensatz dazu bewegen sich die Herzmuskeln und die glatten Muskeln automatisch. Wir müssen niemals darüber nachdenken. Dies wird als unwillkürliche Steuerung bezeichnet. Der Herzmuskel bildet die Wände des Herzens und ist nirgendwo sonst im Körper zu finden. Seine Aufgabe ist es, die Herzkammern in einem gleichmäßigen Rhythmus zusammenzudrücken. So wird das Blut durch den gesamten Körper transportiert. Das regelmäßige Zusammendrücken erfolgt, indem elektrische Impulse durch drahtähnliche Strukturen im Muskelgewebe geleitet werden.

Glatte Muskeln kommen in den Wänden von Blutgefäßen sowie in Teilen des Harnsystems und des Verdauungstrakts vor. Sie werden durch Signale des Nervensystems aktiviert und steuern hauptsächlich die Weite von Hohlorganen, indem sie sich zusammenziehen oder entspannen. Dadurch wird der Inhalt kontrolliert. Die als Peristaltik bezeichnete Quetschbewegung schiebt beispielsweise die Nahrung durch den Verdauungstrakt, so wie du Zahnpasta aus einer Tube quetschst.

Glatte Muskeln finden sich auch in den Wänden der Harnblase. Die Blase verfügt sogar über einen der wenigen glatten Muskeln, die einen eigenen Namen haben – den *Musculus detrusor vesicae*. Wenn du auf die Toilette gehst, zieht sich der Detrusormuskel zusammen, um den Urin herauszudrücken. Da die Blase aus glatten Muskeln besteht, unterliegt dies nicht der willentlichen Kontrolle. Jedoch verhindert ein spezieller Schließmuskel, dass der Urin ausfließt, wenn wir es nicht wollen. So haben wir unter Kontrolle, wo und wann wir unsere Blase entleeren.

## Bildlegende

*1:* **Herzmuskulatur**

*a)* Herz: Der Herzmuskel bildet die Wände des Herzens und pumpt durch seine Kontraktion das Blut durch die Herzgegend und weiter zur Lunge bzw. zum Rest des Körpers.

*b)* Struktur des Herzmuskels: Bei der mikroskopischen Betrachtung des Herzmuskels wird seine Struktur deutlich. Die Herzmuskelzellen weisen eine verzweigte Form auf, ein quergestreiftes Aussehen und jede Zelle enthält einen zentral gelegenen Zellkern. Die Verbindungsbereiche der Zellen werden als Glanzstreifen bezeichnet. Sie dienen zur Übertragung der elektrischen Signale, die zur Kontraktion des Muskels erforderlich sind.

*2:* **Glatte Muskulatur**

*a)* Magen: Die Wände des Magens bestehen aus drei Schichten glatter Muskeln, die jeweils in eine andere Richtung ausgerichtet sind. Diese Muskeln bewegen sich so, dass der Mageninhalt effektiv durchmischt wird.

*b)* Struktur der glatten Muskeln: Die mikroskopische Struktur der glatten Muskelzellen weist lange, dünne Zellen auf, jede mit einem eigenen Kern. Die Muskulatur ist nicht quergestreift.

*3:* **Skelettmuskulatur**

*a)* Zweiköpfiger Oberarmmuskel (*Biceps brachii*): Alle Skelettmuskeln haben mindestens einen Ursprung (Befestigungspunkt an einem Knochen) und einen Ansatz (an einem anderen Knochen). Der *Biceps brachii* hat zwei Ursprünge, was seinen Namen erklärt. Die Kontraktion des *Biceps brachii* führt zur Beugung des Arms am Ellenbogen.

*b)* Struktur der Skelettmuskeln: Die Struktur zeigt in Strängen angeordnete Muskelzellen mit jeweils mehreren Kernen. Die Muskelfasern sind deutlich quergestreift.

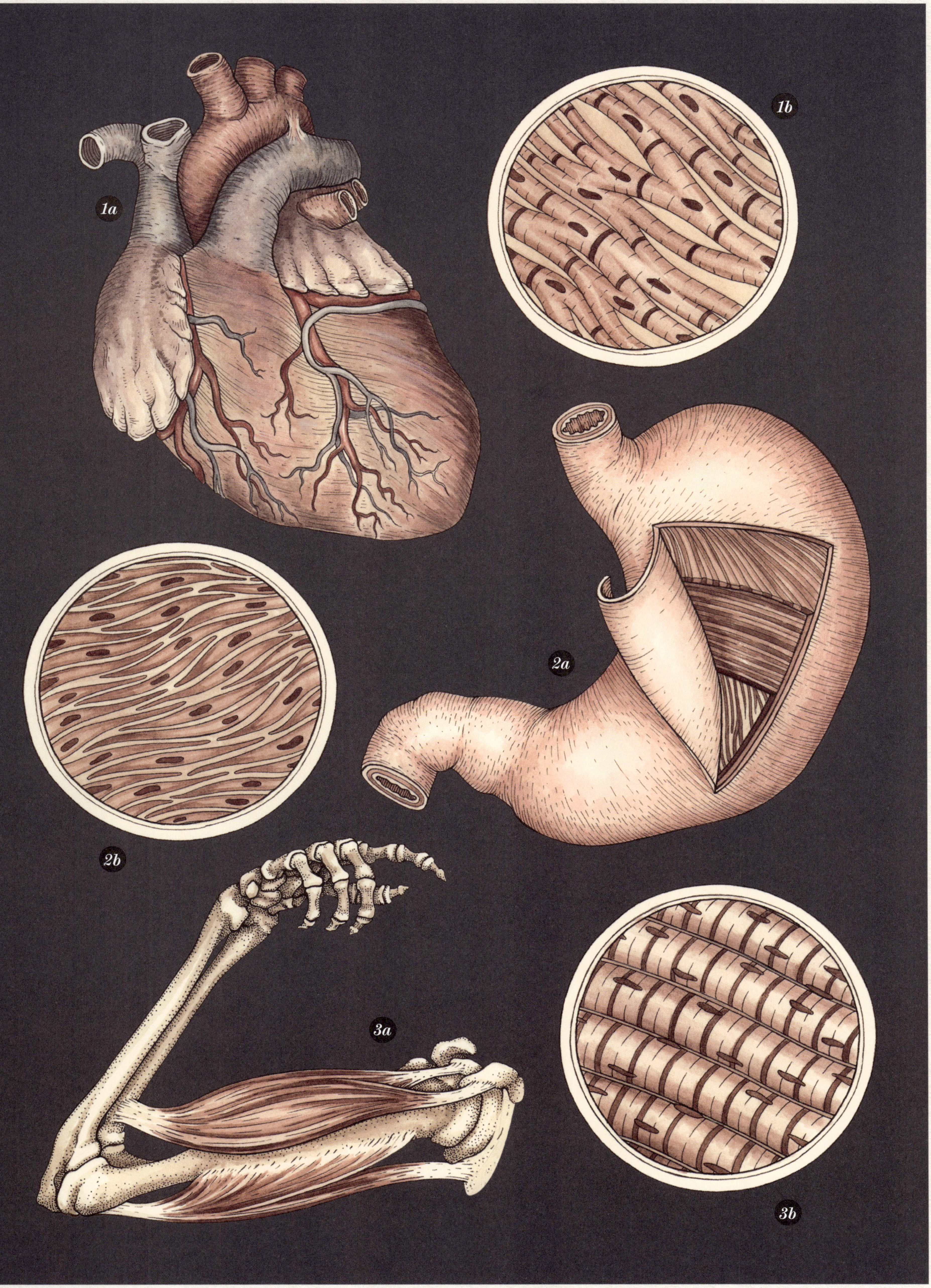
1a
1b
2a
2b
3a
3b

# Die Hand-muskulatur

Die meisten Tiere setzen ihre Hände beim Vierfüßlergang – dem Gehen auf allen Vieren – zum Stützen ein. Beim Menschen jedoch hat der aufrechte Gang auf zwei Füßen dazu geführt, dass sich die Hände zu hochfunktionellen Werkzeugen entwickelt haben. Unsere Hände und die unglaubliche Bandbreite an Bewegungen, die sie ausführen können, sind von zentraler Bedeutung für die Fähigkeiten, die uns von anderen Arten unterscheiden.

Vom Aufwachen bis zum Einschlafen sind sie fast ständig im Einsatz: beim Essen, bei der Körperpflege, beim Tragen von Gegenständen und bei unserer körpersprachlichen Kommunikation durch Gesten. Der ausgefeilte Mechanismus der Hand ermöglicht uns auch spezialisierte, sehr komplizierte Bewegungen wie das Spielen eines Musikinstruments, das Schreiben einer Nachricht auf einem Smartphone, das Zuknöpfen eines Hemds oder das Drehen eines Schlüssels in einem Schloss.

Interessanterweise enthalten die Finger selbst keine Muskeln. Stattdessen werden ihre Bewegungen, z.B. das Zusammenpressen und Wiederaufrichten, durch Muskeln im Unterarm und in der Hand bewirkt. Die Sehnen dieser Muskeln verlaufen an den Fingern entlang bis zu den Fingerspitzen, wie lange Schnüre, die vorsichtig aneinander vorbeiziehen und Bewegungen an den Gelenken zwischen den Fingerknochen ermöglichen. Andere kleine Muskeln in der Handfläche sorgen für feinere Bewegungen der Finger, die für präzise Handlungen erforderlich sind.

Eine der Schlüsselfähigkeiten für die Nützlichkeit unserer Hände liegt in der so genannten *Opponierbarkeit* der Daumen. Das bedeutet, dass wir den Daumen *gegenüberstellen*, ihn also über die Handfläche bewegen können, so dass seine Spitze die Kuppe des kleinen Fingers berührt. Die meisten Handbewegungen, auf die wir uns tagtäglich verlassen, wären ohne unsere opponierbaren Daumen nicht möglich.

### Bildlegende

*1:* **Knochen der linken Hand mit Handgelenk**
Die 27 Knochen sind in 14 Fingerknochen, 5 Mittelhandknochen und 8 Handwurzelknochen unterteilt, die wie Puzzleteile ineinander passen.
*a)* Fingerknochen
*b)* Mittelhandknochen
*c)* Handwurzelknochen

*2:* **Muskeln und Sehnen der Hand**
Zahlreiche Muskeln im Unterarm, deren lange Sehnen bis in die Finger reichen, sorgen dafür, dass Hand und Finger bewegt werden können. Diese Sehnen werden von kleinen Hüllen gehalten, den *Sehnenscheiden*, die das reibungslose Gleiten ermöglichen. Auch in der Handfläche gibt es viele Muskeln für feinmotorische Bewegungen.

*3:* **Kraftgriff**
Diese Art von Griff eignet sich zum Tragen von Taschen oder Koffern oder zum Halten von Gegenständen wie Hämmern oder Tennisschlägern.

*4:* **Präzisionsgriff**
Dieser Griff ist nützlich, um kleine Gegenstände aufzuheben, und erfordert ein hohes Maß an Fingerfertigkeit und Genauigkeit.
*a)* Zangengriff: Dieser feine Präzisionsgriff verbindet den Zeigefinger und den opponierbaren Daumen. Er ist zentral für das Aufheben von Gegenständen.
*b)* Dynamischer Dreipunktgriff: Griff, der oft zum Halten des Stifts beim Schreiben verwendet wird. Er nutzt Daumen, Zeige- und Mittelfinger für Halt und Präzision.

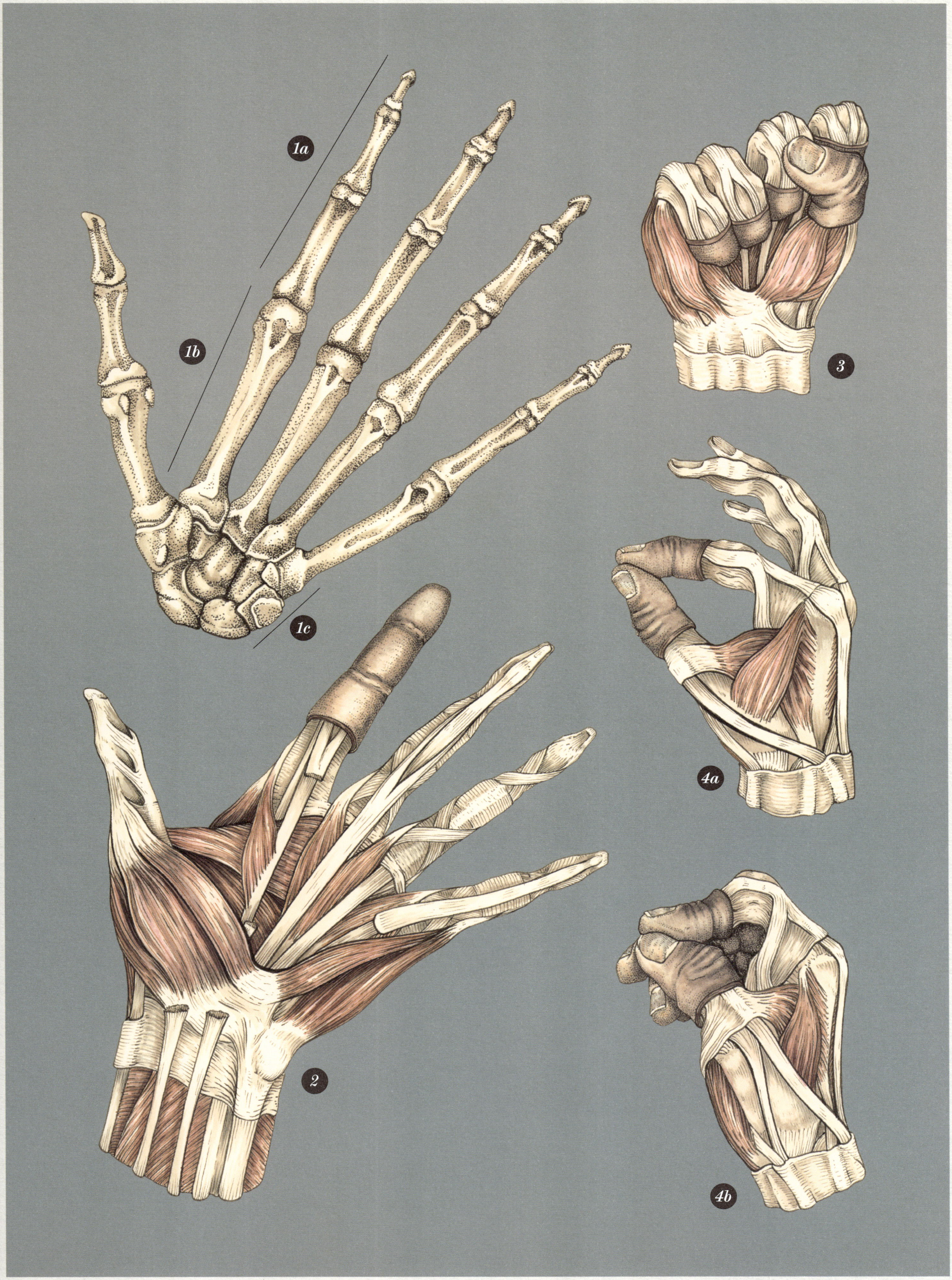
1a
1b
1c
2
3
4a
4b

# Die Gesichtsmuskulatur

An der Mimik eines Menschen kannst du oft erkennen, welche Gefühle er empfindet. Ist er glücklich, traurig, wütend oder besorgt? Bestimmt hat dir ein Freund schon einmal gesagt, dass es ihm gut geht, aber sein Gesichtsausdruck hat dir etwas anderes verraten. Auch wenn wir uns durch Sprechen verständigen, nehmen wir nichtsprachliche Kommunikationssignale über die Körpersprache, insbesondere über die Mimik, wahr. Wir verstehen sie und reagieren darauf.

Über 40 Muskeln liegen unter der Haut unseres Gesichts und sind mit den Knochen des Schädels verbunden. Sie arbeiten in vielen Kombinationen zusammen und ermöglichen es uns, etwa 10 000 verschiedene Gesichtsausdrücke zu erzeugen, die für unsere Interaktion und Kommunikation mit anderen wichtig sind.

Viele der Gesichtsmuskeln haben eine klare funktionelle Aufgabe, wie etwa die Muskeln, die Augen und Mund umgeben. Der Lidringmuskel *Orbicularis oculi* liegt kreisförmig um jedes Auge und dient dazu, die Augen zu schließen oder zu verdrehen. Der Mundringmuskel *Orbicularis oris* schließt und spitzt die Lippen und wird daher Kussmuskel genannt. Beide Orbicularis-Muskeln sind flache, runde Gebilde und haben eine sehr ähnliche Form. Ihr Name stammt vom lateinischen Wort *orbis*, was so viel wie rund oder scheibenförmig bedeutet.

Andere Muskeln können einen Teil des Gesichts nach oben oder unten ziehen. Der Mundsenker (*M. depressor anguli oris*) z. B. zieht die Mundwinkel nach unten und bewirkt so einen traurigen Gesichtsausdruck. Gemeinsam mit dem Augenringmuskel (*M. orbicularis oculi*) öffnet der obere Augenlidheber (*M. levator palpebrae superioris*) das obere Augenlid. Der Muskel, mit dessen Hilfe Überraschung ausgedrückt wird, ist der Stirnmuskel (*M. frontalis*). Er zieht die Augenbrauen nach oben und legt die Stirn in Falten. Wenn wir die Stirn runzeln, setzen wir viel mehr Muskeln ein als beim Lächeln.

An einem echten glücklichen Lächeln sind auch unwillkürliche Bewegungen der Muskeln rund um die Augen und nicht nur die Muskeln rund um den Mund beteiligt. Deshalb können wir oft den Unterschied zwischen einem falschen und einem echten Lächeln erkennen!

### Bildlegende

*1:* **Muskeln der Gesichtsmimik**
*a)* Stirnmuskel (*M. frontalis*)
*b)* Schläfenmuskel (*M. temporalis*)
*c)* Lidringmuskel (*M. orbicularis oculi*)
*d)* Nasenmuskel (*M. nasalis*)
*e)* Mundringmuskel (*M. orbicularis oris*)
*f)* Oberlippenheber (*M. levator labii superioris*)
*g)* Jochbeinmuskel (*M. zygomaticus*)
*h)* Mundwinkelsenker (*M. depressor anguli oris*)
*i)* Halshautmuskel (*Platysma*)
*j)* Kinnmuskel (*M. mentalis*)

*2:* **Kussmuskel**
Der *Musculus orbicularis oris* schließt und spitzt die Lippen beim Küssen.

*3:* **Lächel- und Zwinkermuskeln**
Der große Jochbeinmuskel (*M. zygomaticus major*) zieht die Mundwinkel beim Lächeln nach oben. Gleichzeitig zieht sich der Augenringmuskel unwillkürlich zusammen. Beim Zwinkern schließt der Augenringmuskel (*M. orbicularis oculi*) das Augenlid.

*4:* **Traurigkeitsmuskel**
Der Mundwinkelsenker (*M. depressor anguli oris*) zieht die Mundwinkel nach unten.

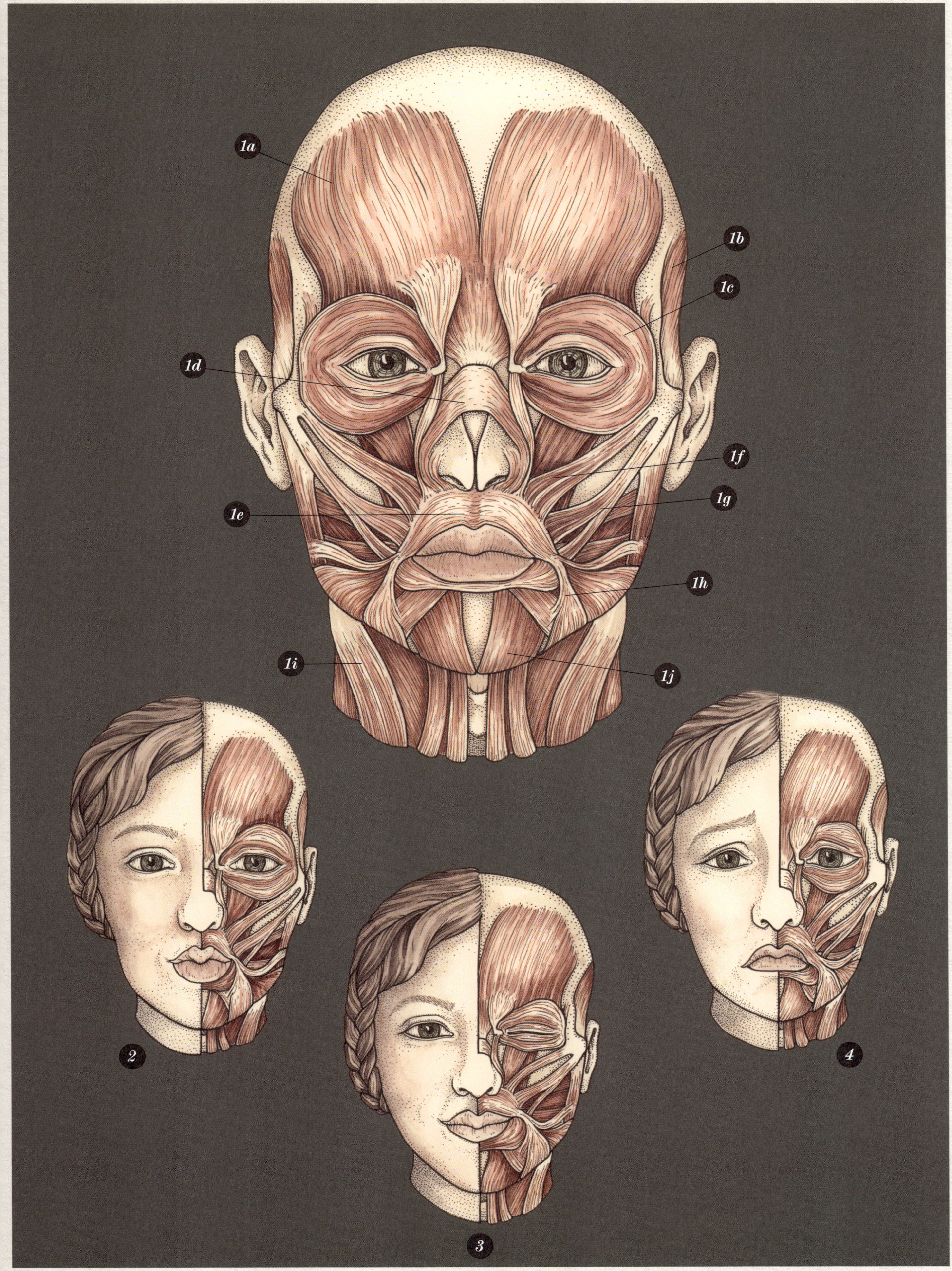
1a
1b
1c
1d
1e
1f
1g
1h
1i
1j
2
3
4

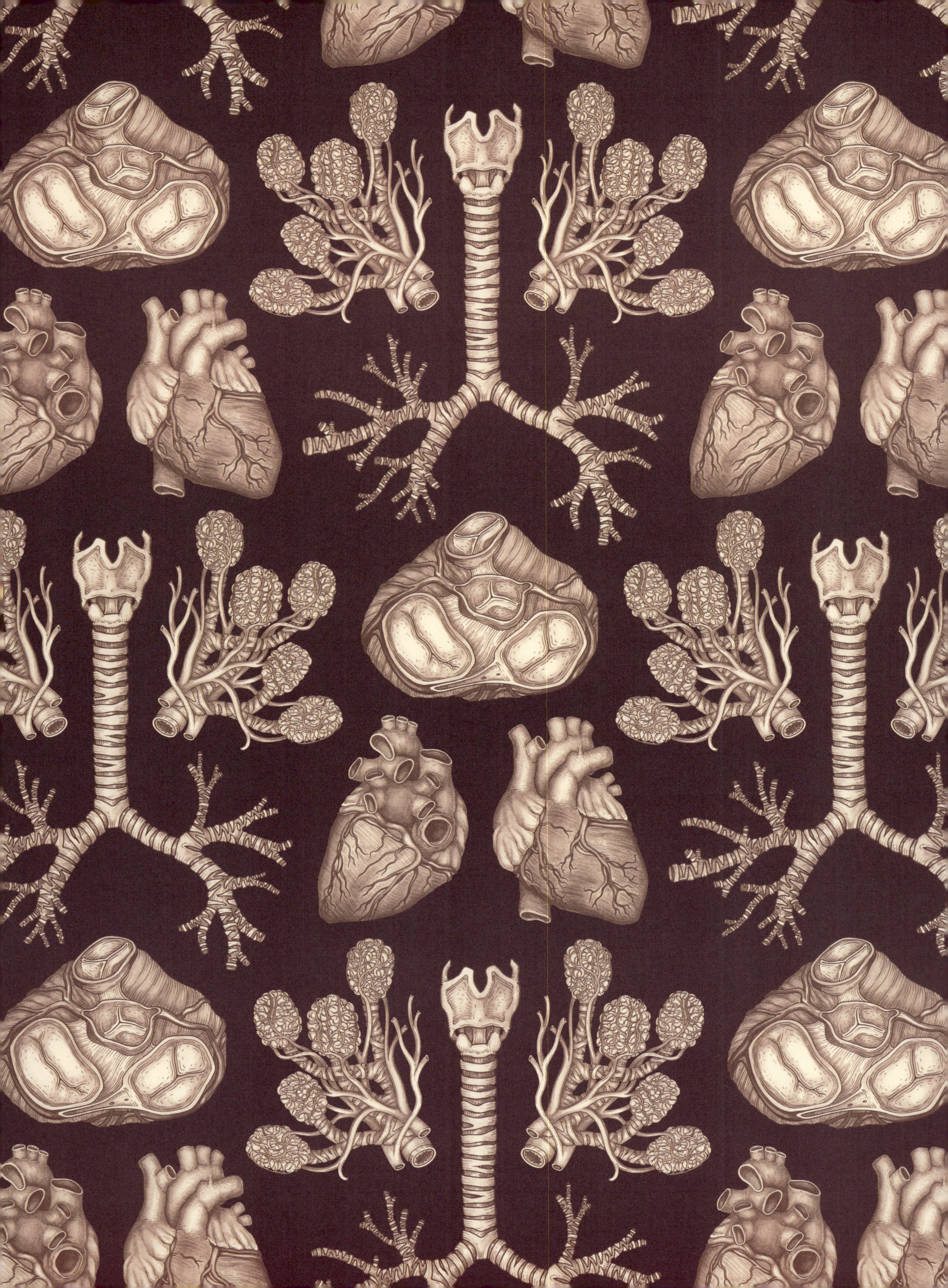

*Saal 2*

# Das Herz-Kreislauf- und Atmungssystem

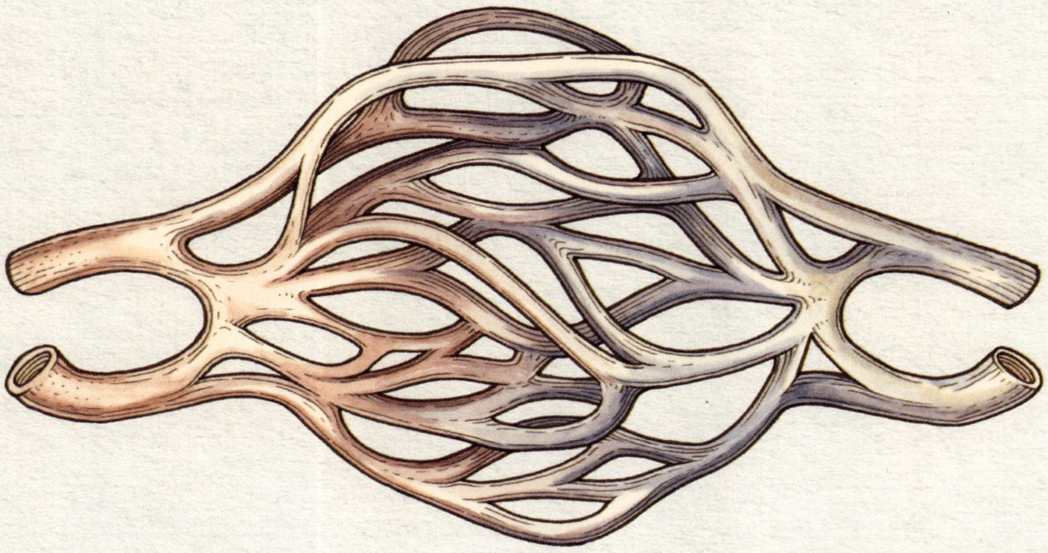

# Das Herz-Kreislauf- und Atmungssystem

Sauerstoff ist ein Gas, das etwa 20 Prozent der Luft ausmacht, die wir einatmen. Der Sauerstoffanteil der Luft kann je nach Ort, Temperatur und Höhe schwanken, aber es ist lebenswichtig, dass der Körper genug davon bekommt. Schon ein paar Minuten ohne Sauerstoff können lebensbedrohlich sein. Das liegt daran, dass jede Zelle im Körper Sauerstoff braucht, um ihn in Energie umzuwandeln. Denn genau das passiert im Prozess, den wir Atmung nennen. Wenn die Zellen Energie freisetzen, produzieren sie auch ein Gas namens Kohlendioxid, das der Körper wieder loswerden muss. Das Einatmen von Sauerstoff und Ausatmen von Kohlendioxid ist die Aufgabe des Atmungssystems. Es arbeitet eng mit dem Herz-Kreislauf-System zusammen, das Blut durch den Körper pumpt, um Sauerstoff zu jeder einzelnen Zelle zu transportieren und gleichzeitig überschüssiges Kohlendioxid zu entfernen.

Um die Körperzellen zu erreichen, muss der Sauerstoff einen langen Weg durch beide Systeme zurücklegen. Zunächst wird die Luft durch die Nase (und den Mund) eingeatmet und erreicht über die Luftröhre die Lunge. Hier wird der Sauerstoff aus der Luft in den Blutkreislauf des Körpers überführt und gelangt in das Herz-Kreislauf-System. Das sauerstoffhaltige Blut wird dann vom Herz durch das riesige Netz der Blutgefäße des Körpers zu jeder einzelnen Zelle gepumpt. Dort angekommen, liefert das Blut Sauerstoff und andere Nährstoffe an und transportiert Abfallprodukte, einschließlich Kohlendioxid, ab. Nach diesem Austausch gelangt das sauerstoffarme Blut zurück in die Lunge und das Atmungssystem. Das Kohlendioxid wird wieder ausgeatmet. Dieser lebenswichtige Prozess setzt sich auch im Schlaf fort. Jeden Tag werden so über 14 000 Liter Blut durch unseren Körper gepumpt.

## Bildlegende

*1:* **Das Herz**

*2:* **Arterien**
Blutgefäße, die das Blut vom Herz weg und zu den Körpergeweben transportieren, heißen Arterien.
*a)* Aufsteigende Aorta
*b)* Unterschlüsselbeinarterie
*c)* Oberarmarterie
*d)* Speichenarterie
*e)* Ellenarterie
*f)* Absteigende Aorta
*g)* Gemeinsame Beckenarterie
*h)* Oberschenkelarterie
*i)* Kniekehlenarterie
*j)* Vordere Schienbeinarterie
*k)* Gemeinsame Kopfschlagader

*3:* **Venen**
Blutgefäße, die das Blut zum Herz transportieren, werden Venen genannt.
*a)* Obere Hohlvene
*b)* Schlüsselbeinvene
*c)* Basilarvene
*d)* Verbindungsvene der Ellenbeuge
*e)* Kopfwärtslaufende Vene
*f)* Untere Hohlvene
*g)* Gemeinsame Beckenvene
*h)* Oberschenkelvene
*i)* Kniekehlenvene
*j)* Vordere Schienbeinvene
*k)* Innere Drosselvene

*4:* **Lunge**

*5:* **Luftröhre (*Trachea*)**

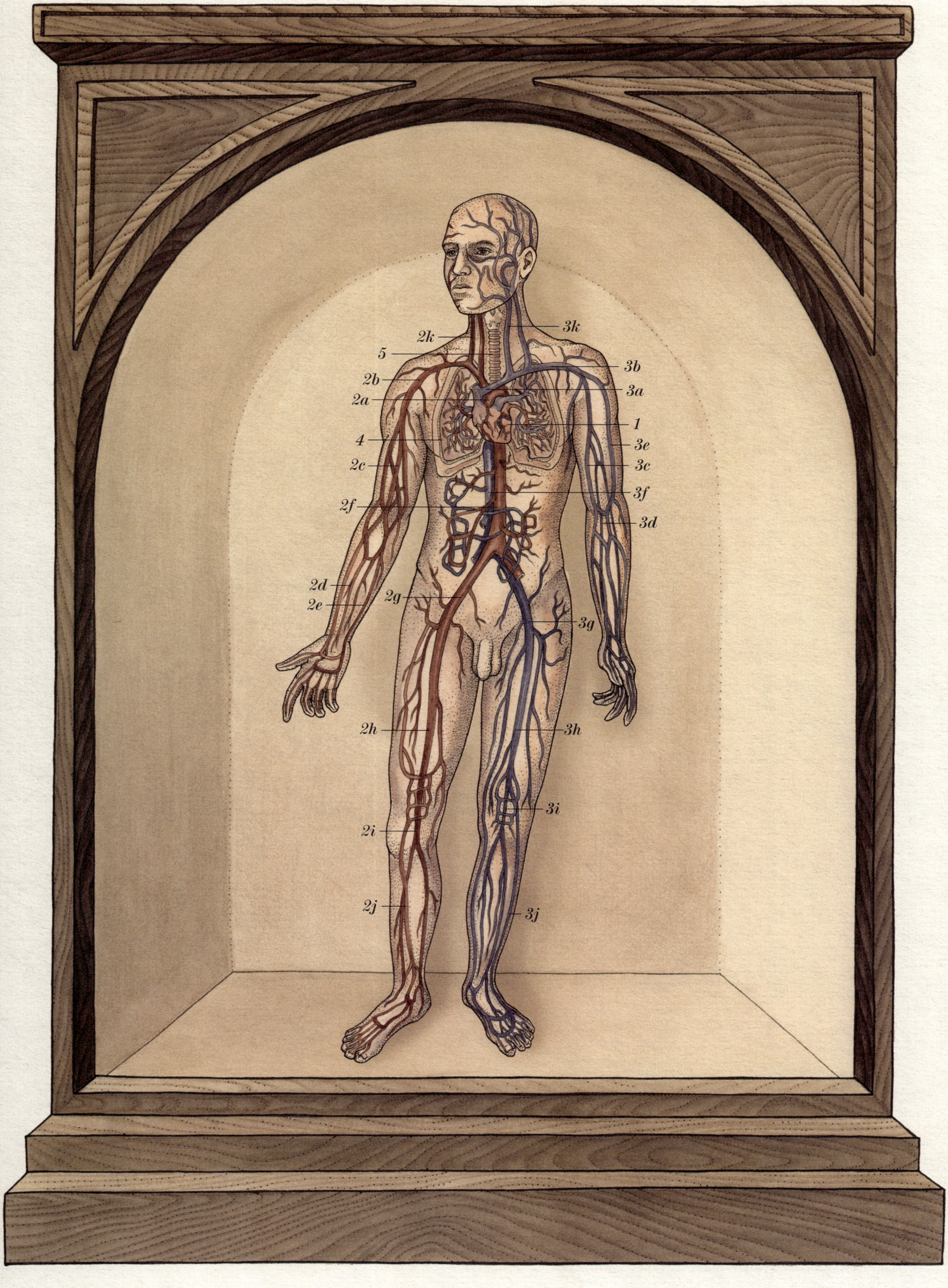

2k
5
2b
2a
4
2c
2f
2d
2e
2g
2h
2i
2j
3k
3b
3a
1
3e
3c
3f
3d
3g
3h
3i
3j

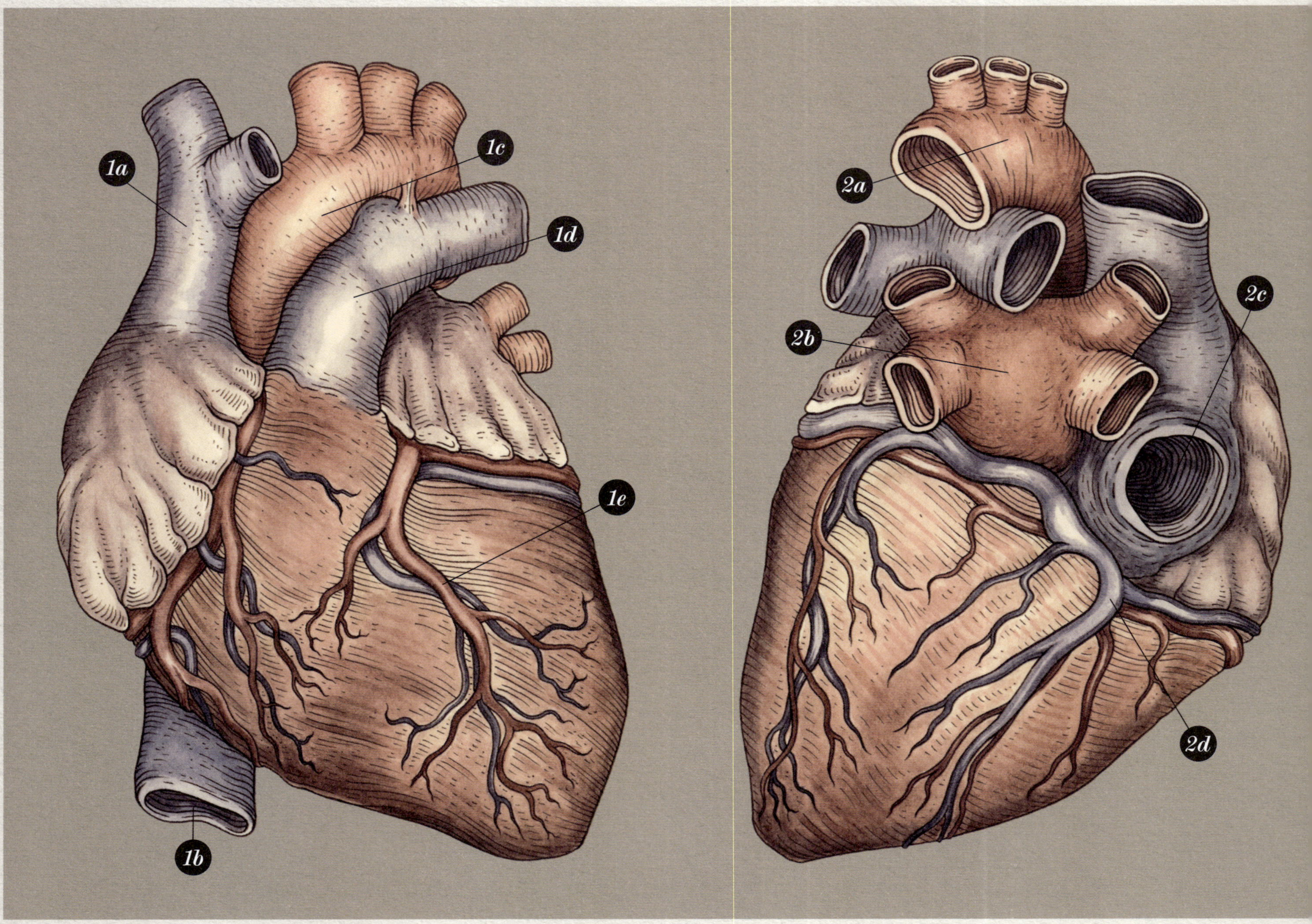




# Das Herz

Der am härtesten arbeitende Muskel im Körper ist das Herz. Jeden Tag unseres Lebens schlägt es über 100 000 Mal, um das Blut durch den ganzen Körper zu transportieren. Dieses nur etwa faustgroße Organ befindet sich unter dem Brustkorb zwischen den Lungenflügeln. Es fungiert als spezialisierte Pumpe, aber eigentlich sind es zwei Pumpen in einer, von denen jede eine lebenswichtige Aufgabe zu erfüllen hat. Die rechte Seite des Herzens pumpt das Blut in die Lunge, wo es Sauerstoff aufnimmt. Das mit Sauerstoff angereicherte Blut kehrt zum Herz zurück, wo die linke Seite es zum Rest des Körpers weiterpumpt.

Eine dicke Wand, die Herzscheidewand, trennt die rechte und die linke Seite voneinander und sorgt dafür, dass das Blut in den beiden „Pumpen" sich nicht vermischt. Obwohl beide Seiten ähnlich aussehen, ist die linke Seite dicker und stärker, da sie das Blut gegen den hohen Druck weiter durch den Körper drücken muss. Die Pumpleistung wird durch Zusammenziehen des Herzmuskels erzeugt.

Das Herz hat vier Innenräume: linke und rechte Herzkammer (Ventrikel) im unteren Teil sowie linker und rechter Vorhof (Atrium) im oberen Teil. Bei jedem Herzschlag ziehen sich zunächst die beiden Vorhöfe zusammen und drücken das Blut nach unten in die Kammern. Dann ziehen sich die Ventrikel zusammen und pressen das Blut aus dem Herz heraus und in andere Teile des Körpers.

Nach dem Zusammenziehen entspannt sich der Herzmuskel und die Kammern füllen sich wieder mit Blut. Ein kompletter Zyklus dieses Ablaufs, also ein Herzschlag, dauert weniger als eine Sekunde.

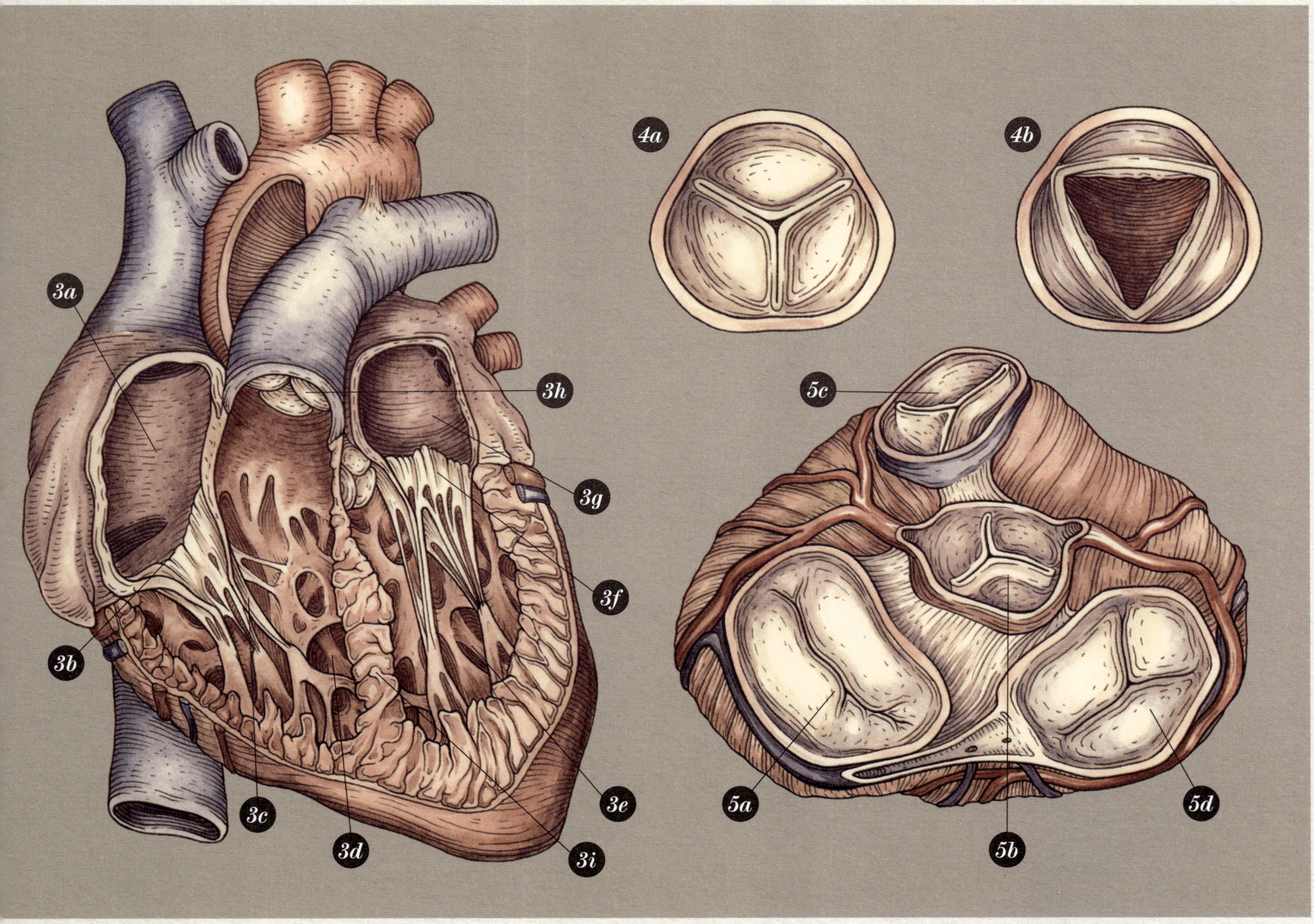


Es ist wichtig, dass das Blut im Herz nur in eine Richtung fließt. Um dies zu kontrollieren, gibt es spezielle Klappen zwischen den Herzkammern und Vorhöfen sowie den ein- und austretenden Blutgefäßen. Sie wirken wie Falltüren, durch die das Blut nur in eine Richtung fließen kann. Durch das Zugehen dieser Klappen entstehen die rhythmischen Geräusche des Herzschlags.

## Bildlegende

*1:* **Herz, von vorne**
*a)* Obere Hohlvene (*V. cava superior*)
*b)* Untere Hohlvene (*V. cava inferior*)
*c)* Aufsteigende Aorta (zum Körper) (*Aorta ascendens*)
*d)* Lungenstamm (zur Lunge) (*Truncus pulmonalis*)
*e)* Herzkranzarterien (*Arteriae coronariae*): versorgen die Herzwand

*2:* **Herz, von hinten**
*a)* Aortenbogen (*Arcus aortae*)
*b)* Linker Vorhof (*Atrium sinistrum*)
*c)* Zugang zum rechten Vorhof über die untere Hohlvene
*d)* Herzkranzvenen (*Venea cordis*): transportieren das venöse Blut ab

*3:* **Herz, innerer Aufbau, von vorne**
*a)* Rechter Vorhof (*Atrium dextrum*)
*b)* Trikuspidalklappe (*Valva tricuspidalis*)
*c)* Sehnenfäden (*Chordae tendineae*)
*d)* Rechte Herzkammer (*Ventriculus dexter*)
*e)* Linke Herzkammer (*Ventriculus sinister*)
*f)* Bikuspidalklappe (*Valva bicuspidalis*)
*g)* Linker Vorhof (*Atrium sinistrum*)
*h)* Pulmonalklappe (*Valva trunci pulmonalis*)
*i)* Kammerscheidewand (*Septum interventriculare*)

*4:* **Herzklappen**
Ventile zwischen Vorhöfen und Kammern sowie Kammern und Blutgefäßen, die den Rückfluss des Blutes verhindern.
*a)* geschlossen
*b)* geöffnet

*5:* **Herz mit Blick auf die Klappen, von oben**
*a)* Biskuspidalklappe (Segelklappe mit zwei Segeln)
*b)* Aortenklappe (Taschenklappe)
*c)* Pulmonalklappe (Taschenklappe)
*d)* Trikuspidalklappe (Segelklappe mit drei Segeln)

# Das Blut

Blut besteht aus Milliarden von Zellen, die alle in einer Flüssigkeit namens Plasma schwimmen. Das ist eine wässrige Mischung aus Proteinen, Salzen, Nährstoffen und Hormonen. Etwa 99 Prozent der Blutzellen sind rot. Sie enthalten einen roten Farbstoff namens Hämoglobin. Er bindet Sauerstoffmoleküle an die Zellen, so dass sie durch den ganzen Körper transportiert werden können. Die weißen Blutkörperchen machen hingegen gemeinsam mit den Blutplättchen nur 1 Prozent der Blutzellen aus. Sie patrouillieren wie eine Armee durch den Körper, bekämpfen Infektionen und beseitigen beschädigte Zellen, während die Blutplättchen dazu beitragen, Blutungen bei Verletzungen zu stoppen. Blutplättchen lassen das Blut gerinnen, machen es dick und klebrig und bilden einen schützenden Schorf über der Wunde.

Ein riesiges Netz von Röhren, die Blutgefäße genannt werden, sorgt dafür, dass das Blut in jeden Teil unseres Körpers fließt, von unserem Kopf bis zu unseren Zehen. Aneinandergereiht hätten diese vernetzten Gefäße eine Länge von über 120 000 Kilometern. Das entspricht der Strecke dreimal um die Erde.

Innerhalb dieses Netzes transportieren Arterien das Blut vom Herz weg. Venen führen es zum Herz hin und Kapillaren verbinden die beiden miteinander. Alle Blutgefäße haben Wände aus glatter Muskulatur. Die dicksten Wände haben die Arterien. Sie müssen stark genug sein, um das unter hohem Druck stehende Blut vom Herz weg zu transportieren. Je weiter sie sich vom Herz entfernen, desto mehr verzweigen sich die Arterien in Arteriolen, die wie die Äste eines Baumes immer kleiner werden. Wenn sie das Körpergewebe erreichen, werden sie zu der kleinsten Art von Blutgefäßen: den Kapillaren. Die Wände der Kapillaren sind nur eine Zellschicht dick, so dass Sauerstoff und Kohlendioxid leicht zwischen den Zellen und dem Blutstrom hin und her wechseln können. Sobald das Blut die Kapillaren durchquert hat, fließt es in winzige Venen, die Venolen genannt werden und mit zunehmender Nähe zum Herz größer werden. Venen haben viel dünnere Wände als Arterien, weil das Blut, das sie transportieren, nicht mit so viel Kraft fließt. Ventile in den Venen sorgen dafür, dass das Blut nur in eine Richtung und niemals rückwärts strömt. Dies ist besonders wichtig in den unteren Gliedmaßen, wo sauerstoffarmes Blut aus den Füßen entgegen der Schwerkraft nach oben zurück zum Herz gepumpt werden muss.

## Bildlegende

*1:* **Arterien**
Diese dickwandigen Röhren transportieren das Blut vom Herz weg. Sie verzweigen sich in kleinere Arteriolen, bevor sie in Kapillaren münden. Die größte Arterie des Körpers ist die Aorta, die bei Erwachsenen 2-3 cm breit und 30 cm lang ist. Sie verläuft direkt vom Herz in den Brust- und Bauchraum.

*2:* **Kapillarbett**
Eine Ansammlung von winzigen Blutgefäßen, den Kapillaren, bildet das Kapillarbett, in dem der Gas- und Nährstoffaustausch stattfindet.

*3:* **Venen**
Diese muskulösen Röhren haben dünnere, dehnbarere Wände als Arterien und sind viel breiter. Sie enthalten Klappen, die den Rückfluss des Blutes auf seinem Weg zurück zum Herz verhindern.

*4:* **Zusammensetzung des Blutes**
*a)* Plasma: Eine wässrige Mischung aus Hormonen und Nährstoffen, die das Blut fließfähig macht.
*b)* Rote Blutkörperchen (*Erythrozyten*): Diese flachen, scheibenförmigen Zellen transportieren Sauerstoff durch den Körper, indem sie ihn an den Farbstoff Hämoglobin binden, der dem Blut seine rote Farbe verleiht. Die roten Blutkörperchen werden ständig aus dem Knochenmark erneuert und verbleiben nur etwa 120 Tage im Körper, bevor sie von Leber und Milz abgebaut werden.
*c)* Weiße Blutkörperchen (*Leukozyten*): Sie sind Teil des Immunsystems und helfen dem Körper bei der Bekämpfung von Infektionen (siehe Seite 78).
*d)* Blutplättchen (*Thrombozyten*): Das sind winzige Zellen, die zu Wunden eilen und einen Blutpfropf bzw. Schorf bilden, um das Austreten von Blut aus dem Körper zu verhindern.

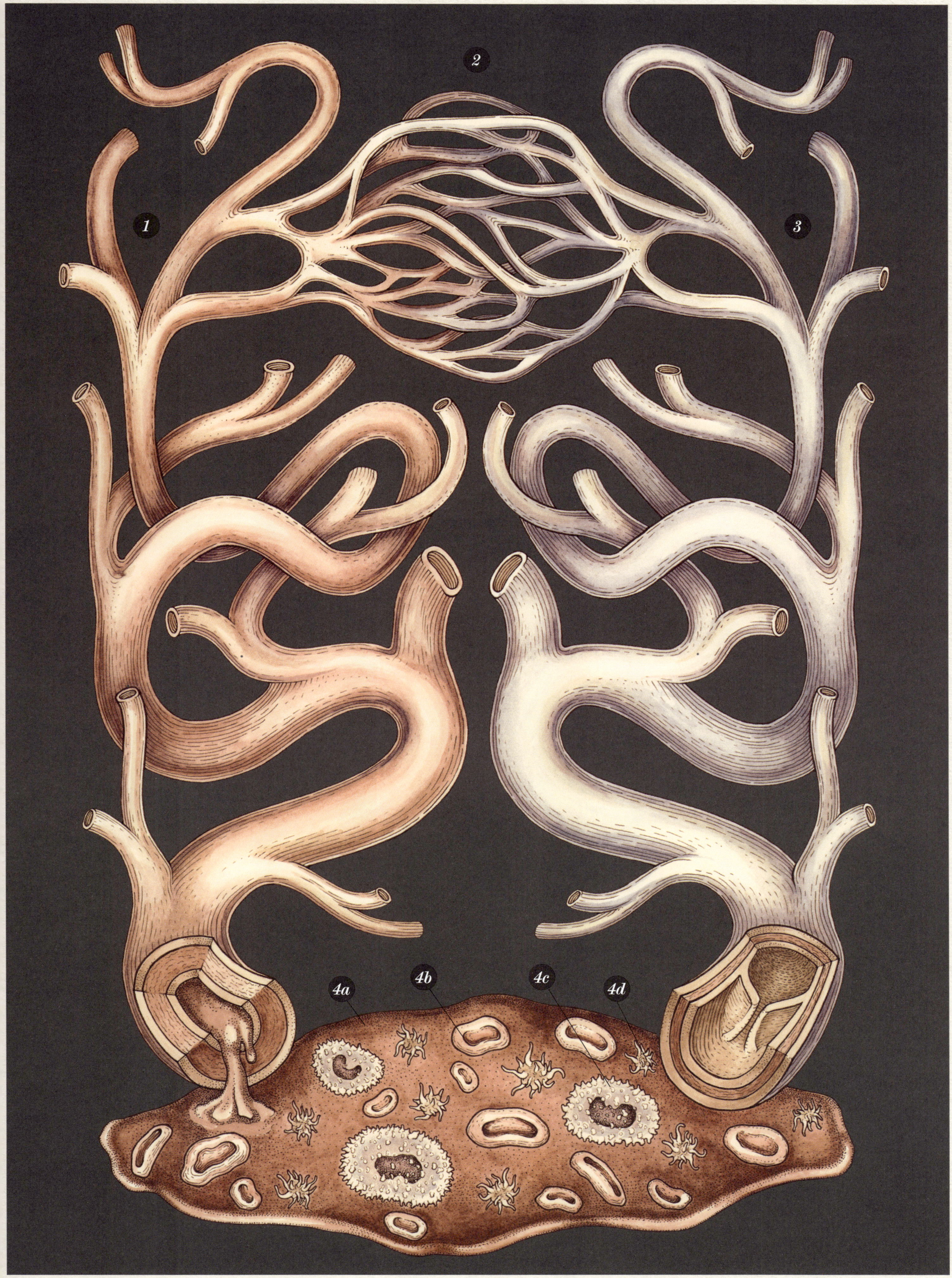
1
2
3
4a
4b
4c
4d

# Die Atemwege

Damit die Lunge mit Sauerstoff versorgt wird, muss die Luft ihren Weg in den Körper finden. Diese Reise beginnt an den Nasenlöchern: zwei Eingänge in der Nase, die mit Hunderten von kleinen Härchen ausgekleidet sind. Beim Einatmen der Luft wirken die Nasenhaare wie Filter und halten Schmutz- und Staubpartikel zurück, damit sie nicht in die Lunge kommen. Sobald die Luft die Nasenlöcher durchquert hat, gelangt sie in die Nasenhöhle hinter der Nase, wo klebriger Schleim den restlichen Staub zurückhält. Von der Nasenhöhle aus strömt die Luft durch den Rachen zum Kehlkopf (*Larynx*), wo beim Sprechen der Ton erzeugt wird. Der Kehlkopf enthält zwei kleine Gewebefalten, die Stimmlippen, die vibrieren, wenn Luft durch sie hindurchströmt. Die Stimmlippen öffnen und schließen sich, um die Töne zu verändern, die beim Sprechen, Schreien oder Singen entstehen. Obwohl Mund und Lippen die meisten der verschiedenen Laute beim Sprechen formen, ist der Kehlkopf für Lautstärke und Tonhöhe der Stimme verantwortlich.

Nachdem die Luft durch den Kehlkopf geströmt ist, gelangt sie in die Luftröhre (*Trachea*). Die Luftröhre enthält verstärkende Knorpelringe, die dafür sorgen, dass sie offen gehalten wird, damit die Luft ungehindert in die Lunge gelangen kann. An ihrer Basis verzweigt sich die Luftröhre in die zwei Hauptbronchien. Das sind kleinere Atemwege, die die Luft in die Lunge leiten. Ein Problem in der Konstruktion des menschlichen Körpers besteht darin, dass Nahrung und Luft gemeinsame Wege nehmen: den Mund und den Rachen. Wenn Nahrung oder Getränke durch den Mund aufgenommen werden, werden sie normalerweise mit Hilfe einer raffinierten Klappe, dem Kehldeckel (*Epiglottis*), in den Magen geleitet. Manchmal landet Verschlucktes aber stattdessen in der Luftröhre. Durch Husten – d.h. das Herauspressen von Luft aus der Lunge – wird das Verschluckte normalerweise entfernt. Gelingt dies nicht, kann es die Luftzufuhr in die Lunge verhindern und sogar zum Tod führen.

### *Bildlegende*

*1:* **Obere Atemwege, Querschnitt**
*a)* Nasenlöcher
*b)* Nasenhöhle
*c)* Rachen (*Pharynx*)
*d)* Kehlkopf (*Larynx*)
*e)* Stimmlippen
*f)* Keilbeinhöhle

*2:* **Stimmlippen, von oben gesehen**
*a)* Offene Stellung: Die Stimmlippen sind bei normaler Atmung geöffnet, so dass die Luft leicht hindurchströmen kann.
*b)* Geschlossene Stellung: Die Stimmlippen schließen sich und lassen die Luft durch einen kleinen Spalt strömen, wodurch ein Geräusch entsteht. Je nach Stellung der Stimmlippen verändern sich Klang und Lautstärke unserer Stimme.

*3:* **Kehlkopf, von vorne gesehen**
*a)* Zungenbein: Einziger Knochen, der mit keinem anderen Knochen, sondern stattdessen durch Membranen mit anderen Strukturen verbunden ist.
*b)* Schildknorpel: Er sieht aus wie ein Schild und bildet den „Adamsapfel", eine besonders bei Männern sichtbare Vorwölbung des Halses.
*c)* Ringknorpel: Dieser ist durch eine Membran mit der Luftröhre verbunden.
*d)* Luftröhre (*Trachea*): Die Luftröhre wird durch eine Reihe von C-förmigen Knorpelringen in ihrer geöffneten Röhrenform gehalten.

*4:* **Kehlkopf, Querschnitt, von hinten gesehen**
*a)* Kehldeckel: Klappe im Rachen, die sich beim Schlucken über dem Kehlkopf schließt. Sie verhindert, dass Nahrung oder Flüssigkeit in die Lunge gelangen.
*b)* Schilddrüsenknorpel
*c)* Stellknorpel: Diese Vorsprünge sehen aus wie zwei Haifischflossen und helfen bei der Bewegung der Stimmlippen.
*d)* Ringknorpel
*e)* Luftröhrenmuskel (*M. trachealis*): Verengt den Kehlkopf beim Niesen oder Husten.

*5:* **Untere Atemwege**
*a)* Luftröhre
*b)* Teilungsstelle der Luftröhre: Verzweigung in die beiden Hauptbronchien.
*c)* Bronchien: Hier münden die Atemwege in die Lunge, wo sie sich immer kleiner verzweigen.

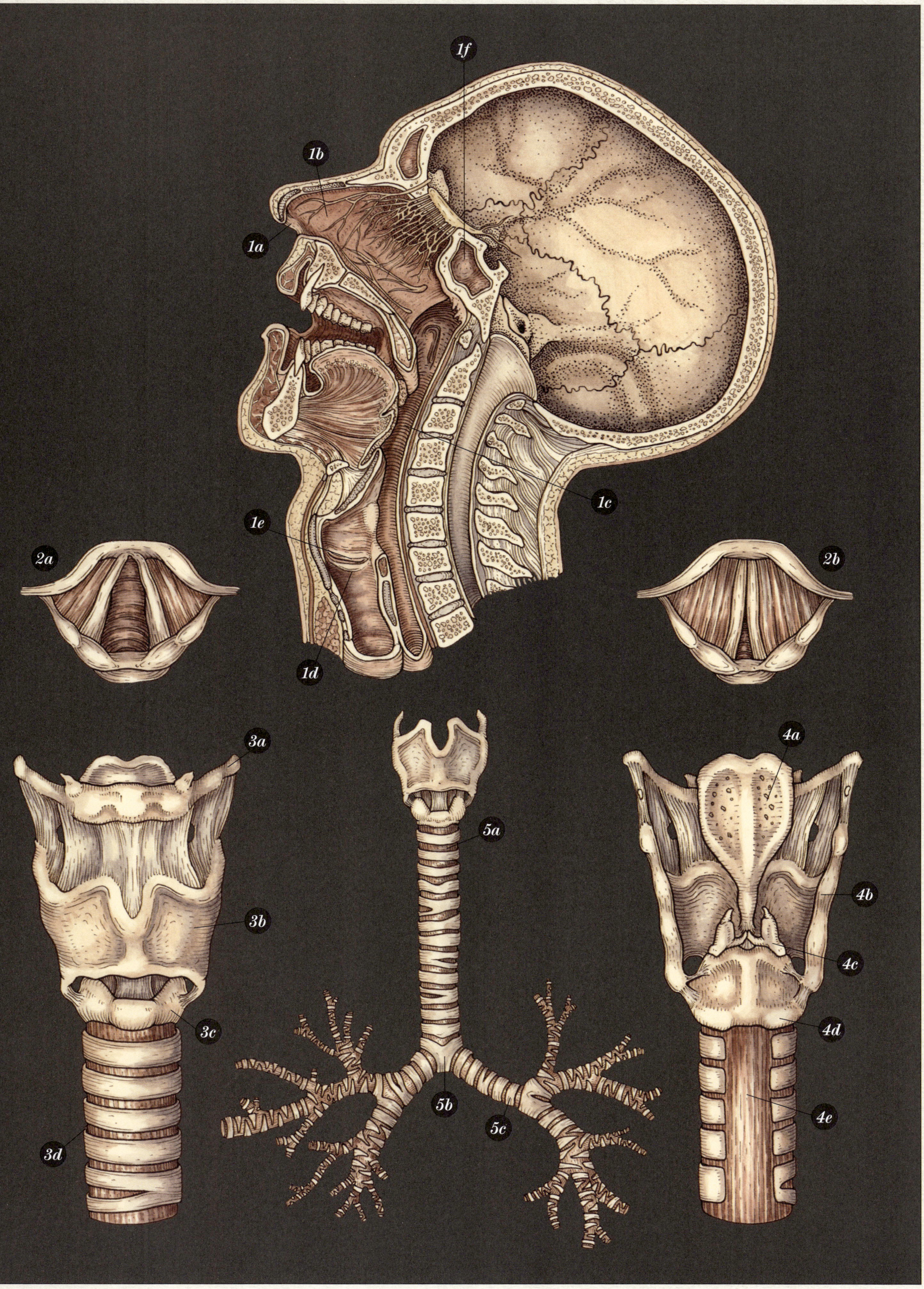
1f
1b
1a
1c
1e
2a
2b
1d
3a
4a
5a
4b
3b
4c
3c
4d
5b
5c
4e
3d

# Die Lunge

Wir atmen täglich über 10 000 Liter Luft ein, um unsere Zellen gesund und am Leben zu erhalten. Für den Transport dieser Luft in den Körper hinein und wieder hinaus ist die Lunge zuständig. Dieses paarige Organ atmet Luft mit einer Geschwindigkeit von etwa 15 Atemzügen pro Minute ein und aus. Dabei überträgt die Lunge Sauerstoff aus der eingeatmeten Luft in den Blutkreislauf und gibt Kohlendioxid aus dem Blutkreislauf in die Luft ab, die ausgeatmet wird.

Sobald die Luft in die Lunge eintritt, beginnt sie eine Reise durch ein sich immer weiter verzweigendes Netz von Röhren, die stetig kleiner werden, je tiefer sie im Organinneren liegen. Schließlich erreicht die Luft winzige geschlossene „Säcke", die Lungenbläschen bzw. Alveolen genannt werden, und kleinen Weintrauben ähneln. Jedes einzelne Lungenbläschen ist von einem winzigen Blutgefäß, einer Kapillare, umgeben (siehe Seite 32). Die Wände der Alveolen und der Kapillaren sind nur eine Zellschicht dick (weniger als ein Tausendstel Millimeter), so dass der Gasaustausch ins Blut und wieder zurück leicht vonstattengeht. In der Lunge gibt es mehrere Hundert Millionen Lungenbläschen, die zusammen eine riesige Oberfläche haben. Dadurch können sie so schnell wie möglich so viel Gas wie möglich austauschen. Die Gesamtoberfläche der Lunge ist schätzungsweise größer als die eines Tennisplatzes!

Beide Lungenflügel befinden sich im Brustkorb unter dem Rippenbogen. Der rechte Flügel hat drei verschiedene Teile, Lappen genannt, und ist etwas größer als der linke Lungenflügel, der nur zwei Lappen hat. Der linke Lungenteil ist kleiner, weil das Herz eng zwischen den beiden Lungenflügeln sitzt und Platz braucht. Direkt unter der Lunge befindet sich das Zwerchfell, ein großer, kuppelförmiger Muskel, der sie von den Organen im Bauchraum trennt. Das Zwerchfell trägt dazu bei, beim Einatmen Platz im Brustkorb zu schaffen, indem es sich nach unten zieht und abflacht. Dadurch kann sich die Lunge beim Luftholen wie ein Ballon aufblasen und den Brustkorb nach außen heben. Beim Ausatmen entspannt sich das Zwerchfell und drückt auf die Lunge, wodurch die Luft wieder herausgepresst wird. Dieser Zyklus findet im Ruhezustand zwischen 12 und 20 Mal pro Minute statt, bei körperlicher Betätigung wesentlich häufiger, da sich dabei die Atemfrequenz erhöht.

## Bildlegende

*1:* **Lunge**
*a)* Luftröhre (*Trachea*)
*b)* Bronchien
*c)* Bronchiolen
*d)* Lungenfell (*Pleura pulmonalis*): Zwei dünne, flüssigkeitsgefüllte Membranen umhüllen die Lunge. Sie ermöglichen eine reibungslose Bewegung beim Aufblasen und Entleeren der Lunge.
*e)* Rechter Lungenflügel
*f)* Linker Lungenflügel

*2:* **Alveolen (Lungenbläschen)**
*a)* Venole
*b)* Arteriole
*c)* Kapillarbett
Die Millionen von Alveolen in jeder Lunge sind zu kleinen Bündeln zusammengefasst. Sie sind von winzigen Kapillaren umgeben, so dass der Gasaustausch zwischen dem Blut und der Luft in den Alveolen leicht möglich ist.

*3:* **Lungenbläschen (Querschnitt)**
In jedem traubenförmigen Bündel befinden sich Dutzende von einzelnen Luftbläschen. Jedes hat eine Wand, die nur eine Zellschicht dick ist, damit der Sauerstoff so leicht wie möglich in den Blutkreislauf gelangen kann.

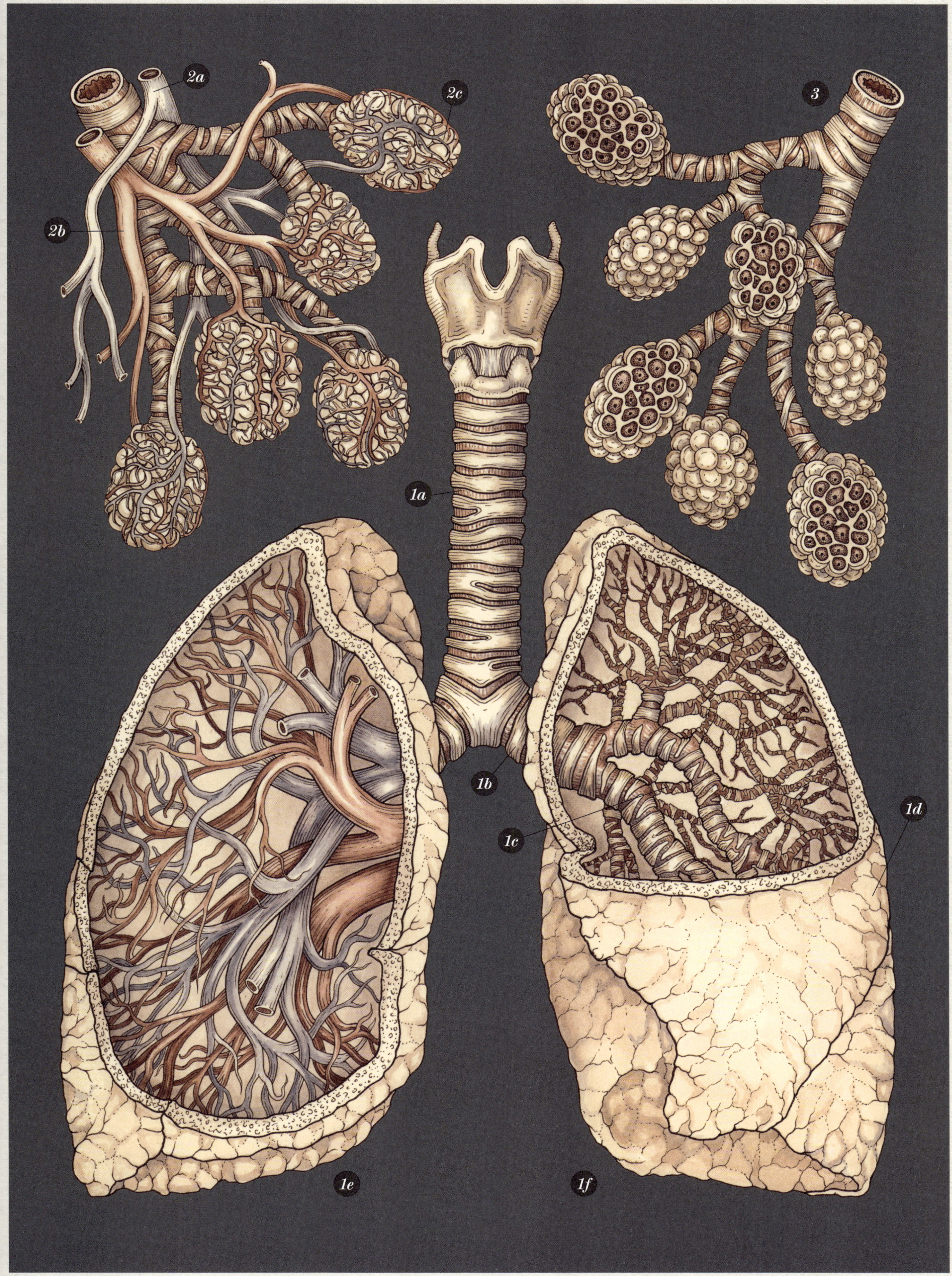

2a
2c
3
2b
1a
1b
1c
1d
1e
1f

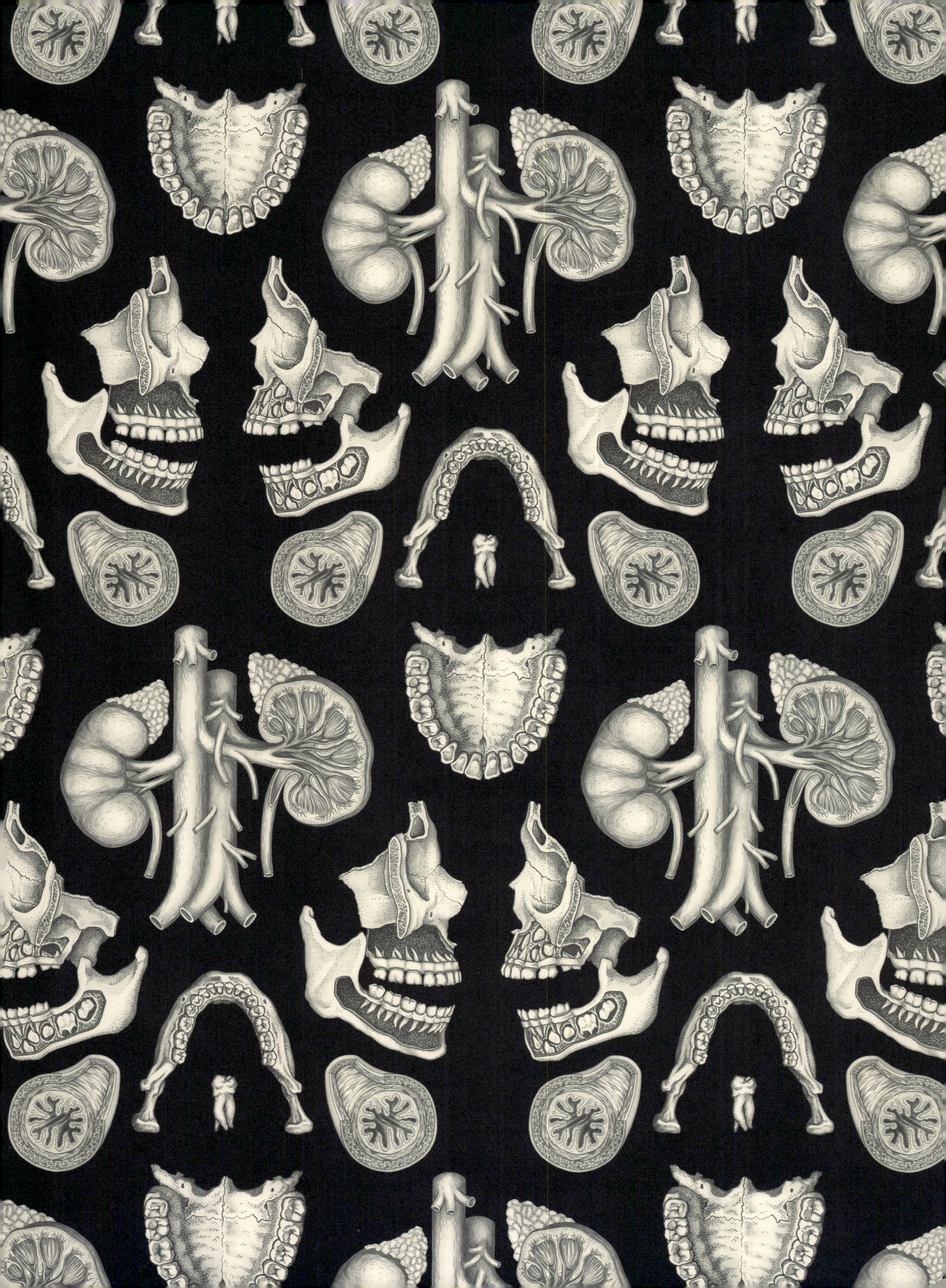

Saal 3

# Das Verdauungs- und Harnsystem

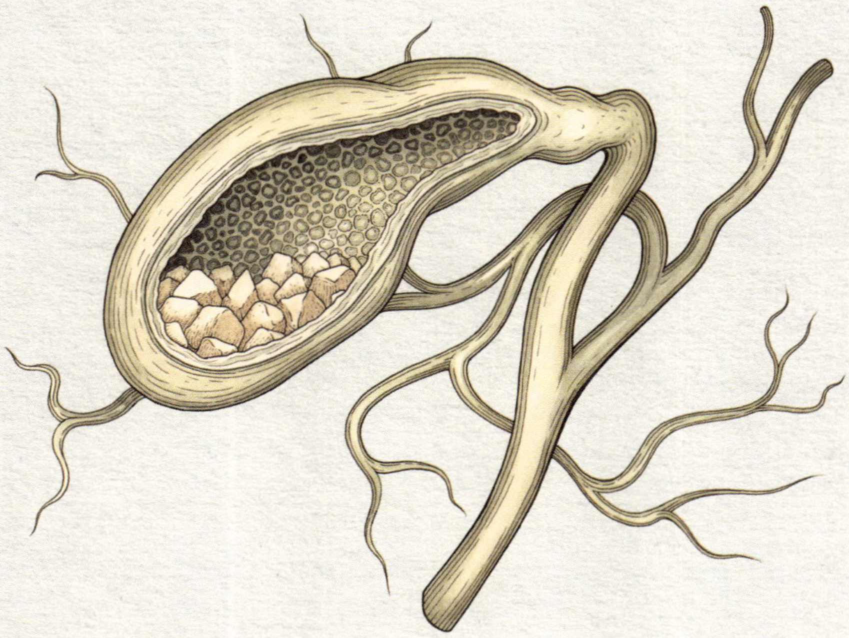

# Das Verdauungs-system

Das Verdauungssystem ist eine ausgeklügelte nahrungsverarbeitende „Fabrik", die ständig im Einsatz ist, um Nahrung aufzunehmen, sie in die von uns benötigten Nährstoffe aufzuspalten und die übrig gebliebenen Abfallstoffe loszuwerden. Ein entscheidender Teil des Verdauungsapparats ist der Darm: ein sieben Meter langer, muskulöser Schlauch im Bauchraum des Körpers. Das ganze System besteht aus sieben miteinander verbundenen Organen, die einen durchgehenden Weg vom Mund zum After bilden.

Im Verdauungstrakt gelangt die Nahrung über den Mund in den Körper. Dort wird sie gekaut und geschluckt, bevor sie durch den Rachen in die Speiseröhre (*Oesophagus*) und weiter in den Magen gelangt. Die Nahrung wird hier in eine dicke, suppenartige Flüssigkeit aufgespalten, bevor sie in den Dünn- und dann in den Dickdarm weitergeleitet wird. Im Darm werden die wichtigen Nährstoffe aus der verdauten Nahrung in den Blutkreislauf aufgenommen. Im Dickdarm formen sich die Abfallstoffe zu Kot und verlassen den Körper dann durch Mastdarm und After.

Der Prozess der Aufspaltung der Nahrung zur Energiegewinnung wird als Verdauung bezeichnet. Die Hauptaufgabe besteht darin, komplexe Nahrungsmoleküle in kleinere Moleküle umzuwandeln, die der Körper verwerten kann. Zunächst wird die Nahrung mechanisch verdaut, indem sie zerkleinert und püriert wird. Das geschieht erst durch Kauen im Mund, dann durch Aufwirbeln und Durchmischen mit Hilfe der Magenmuskeln. Von Anfang an wird die Nahrung jedoch auch chemisch verdaut. Spezielle Moleküle, so genannte Enzyme, befinden sich im Speichel im Mund und werden als Flüssigkeit in Magen und Darm abgegeben. Sie spalten Nährstoffe wie Fette, Proteine und Kohlenhydrate in noch kleinere Teile auf, z.B. in Aminosäuren für den Aufbau neuer Moleküle oder Glukose für die Energiegewinnung.

Obwohl der Verdauungstrakt der Hauptweg ist, den die Nahrung durch den Körper nimmt, arbeitet er nicht allein: Leber, Gallenblase und Bauchspeicheldrüse unterstützen die Verdauung, indem sie spezielle Chemikalien in den Körper abgeben. Die Steuerung der komplexen Vorgänge bei Nahrungsaufnahme, Verdauung und Ausscheidung erfolgt über eine Kombination von Nervensignalen und Hormonen. Auch Emotionen können sich auf das Verdauungssystem auswirken: Vielleicht hast du vor Aufregung schon einmal „Schmetterlinge im Bauch" gehabt oder dir war übel vor lauter Nervosität.

## Bildlegende

**1: Mundhöhle (*Cavitas oris*)**
Die Öffnung zum Verdauungssystem, durch die Speisen und Getränke in den Körper gelangen

**2: Der Rachen (*Pharynx*)**
Der Rachen verbindet den Mund mit der Speiseröhre.

**3: Die Speiseröhre (*Oesophagus*)**
Eine lange, muskulöse Röhre, die den Rachen mit dem Magen verbindet.

**4: Der Magen (*Gaster*)**
Ein großer, muskulöser Beutel, der die Nahrung speichert und verdaut.

**5: Der Dünndarm**
Ein langer Gang, der den Magen mit dem Dickdarm verbindet: Die verdaute Nahrung wird durch den Dünndarm geleitet, wo die darin enthaltenen Nährstoffe in den Blutkreislauf des Körpers aufgenommen werden.

**6: Der Dickdarm**
Die Abfallprodukte der verdauten Nahrung gelangen in den Dickdarm, wo das restliche Wasser wieder in den Blutkreislauf aufgenommen wird. Die verbleibenden trockenen Abfälle gelangen dann in den Enddarm und zum After, wo sie den Körper wieder verlassen.

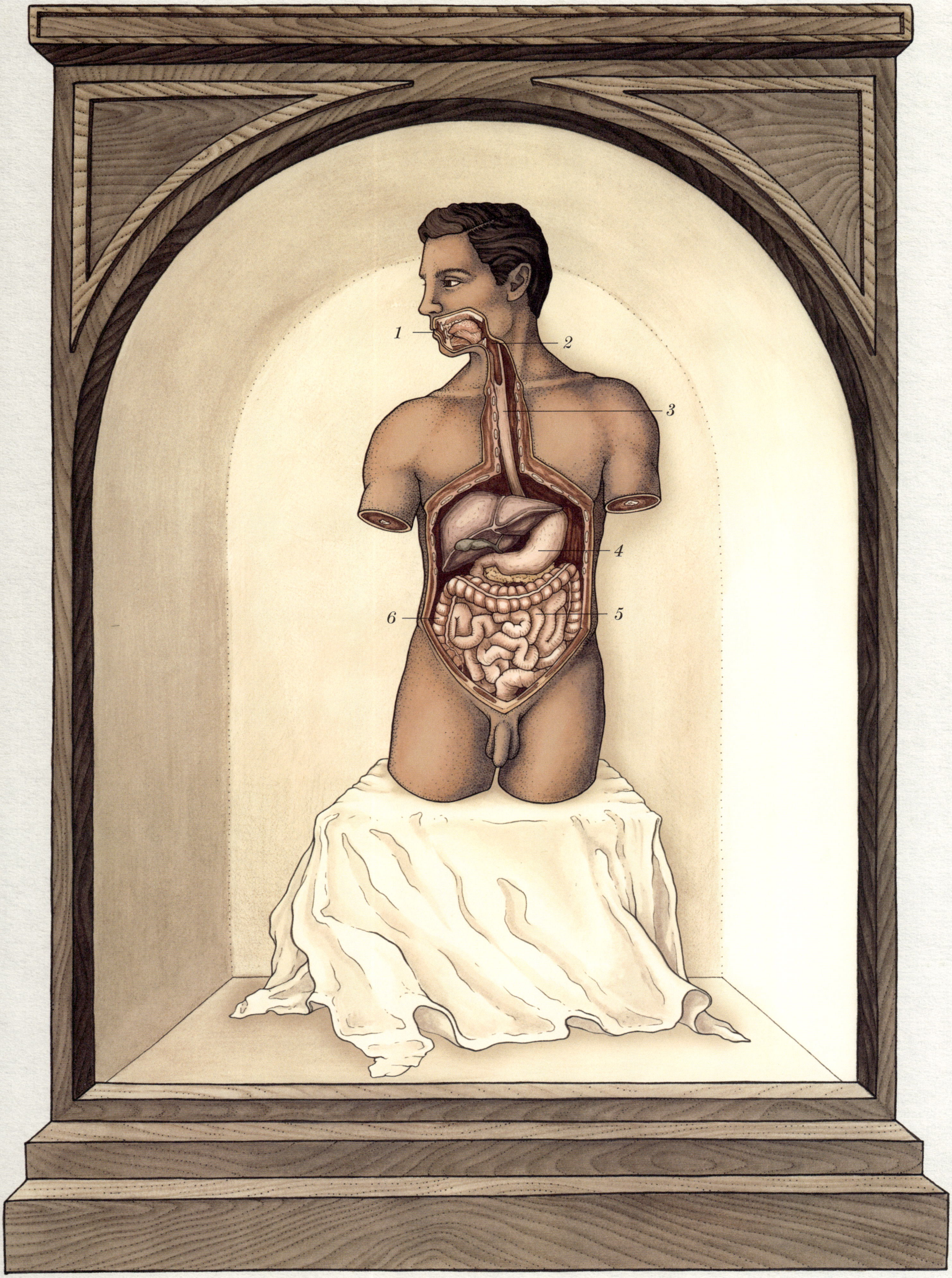
1
2
3
4
5
6

# Mund und Rachen

Die Mundhöhle ist das Tor zum Körper: Hier beginnen alle Speisen und Getränke ihre Reise durch das Verdauungssystem. Noch bevor du den ersten Bissen zu dir nimmst, beginnt dein Körper, sich auf die Verdauung vorzubereiten. Der Duft von Essen, das gerade zubereitet wird, (oder manchmal auch nur der Gedanke an eine leckere Mahlzeit) genügt, um die Speicheldrüsen in Gang zu setzen. Sie produzieren eine wässrige Flüssigkeit, den Speichel, (im Durchschnitt über 2 Liter pro Tag) und lassen dir so buchstäblich das Wasser im Mund zusammenlaufen. Der Speichel macht die Nahrung nicht nur feuchter und erleichtert das Schlucken, sondern enthält auch chemische Stoffe, die Enzyme. Sie spalten die komplexen Moleküle der Nahrung auf. Die Zähne zerkleinern die Nahrung auch mechanisch und helfen zusammen mit der Zunge, sie zu einem breiigen Ballen zu formen, der leicht zu schlucken ist.

Im Moment des Schluckens wird am oberen Ende des Rachens ein wichtiger Sicherheitsmechanismus in Gang gesetzt. Eine kleine Falltür, der Kehldeckel, schwingt an seinen Platz und verschließt den Eingang zur Luftröhre, wenn Essen und Trinken in die Speiseröhre rutschen. So wird sichergestellt, dass keine Speisen oder Getränke versehentlich in die Atemwege gelangen. Manchmal versagt die Kehldeckelklappe und du bekommst etwas „in den falschen Hals". Ein Husten reicht dann normalerweise aus, um die Atemwege wieder frei zu machen, so dass kein Schaden entsteht.

Sobald der Nahrungsbrei den Kehldeckel passiert hat, wandert er die Speiseröhre hinunter. Hier rutscht die Nahrung aber nicht einfach nach unten, sondern die Muskeln der Speiseröhre drücken jeden Bissen in Richtung Magen. Das bedeutet, dass die Nahrung auch dann noch den Magen erreicht, wenn du auf dem Kopf stehst!

### Bildlegende

*1:* **Die Mundhöhle (*Cavitas oris*)**
*a)* Zähne: Die 32 Zähne dienen dazu, die Nahrung zu zerreißen, zu zerkleinern und zu zermahlen, damit sie geschluckt werden kann.
*b)* Zunge: Dieser Muskelkörper besteht aus mehreren Muskeln, von denen der größte der *Musculus genioglossus* ist. Beim Schlucken formt die Zunge die Nahrung und schiebt sie in den hinteren Teil des Mundes.

*2:* **Rachen (*Pharynx*)**
*a)* Speisebrei
*b)* Kehldeckel (*Epiglottis*): Obwohl er normalerweise zum Atmungssystem gezählt wird, spielt der Kehldeckel eine wichtige Rolle im Verdauungssystem. Beim Schlucken verschließt er den Kehlkopf und verhindert so, dass Nahrung in die Atemwege gelangt.

*3:* **Die Speiseröhre (*Oesophagus*)**
Diese etwa 25 cm lange Muskelröhre verläuft vom Rachen zum Magen und transportiert den Nahrungsbrei weiter in den Verdauungstrakt.

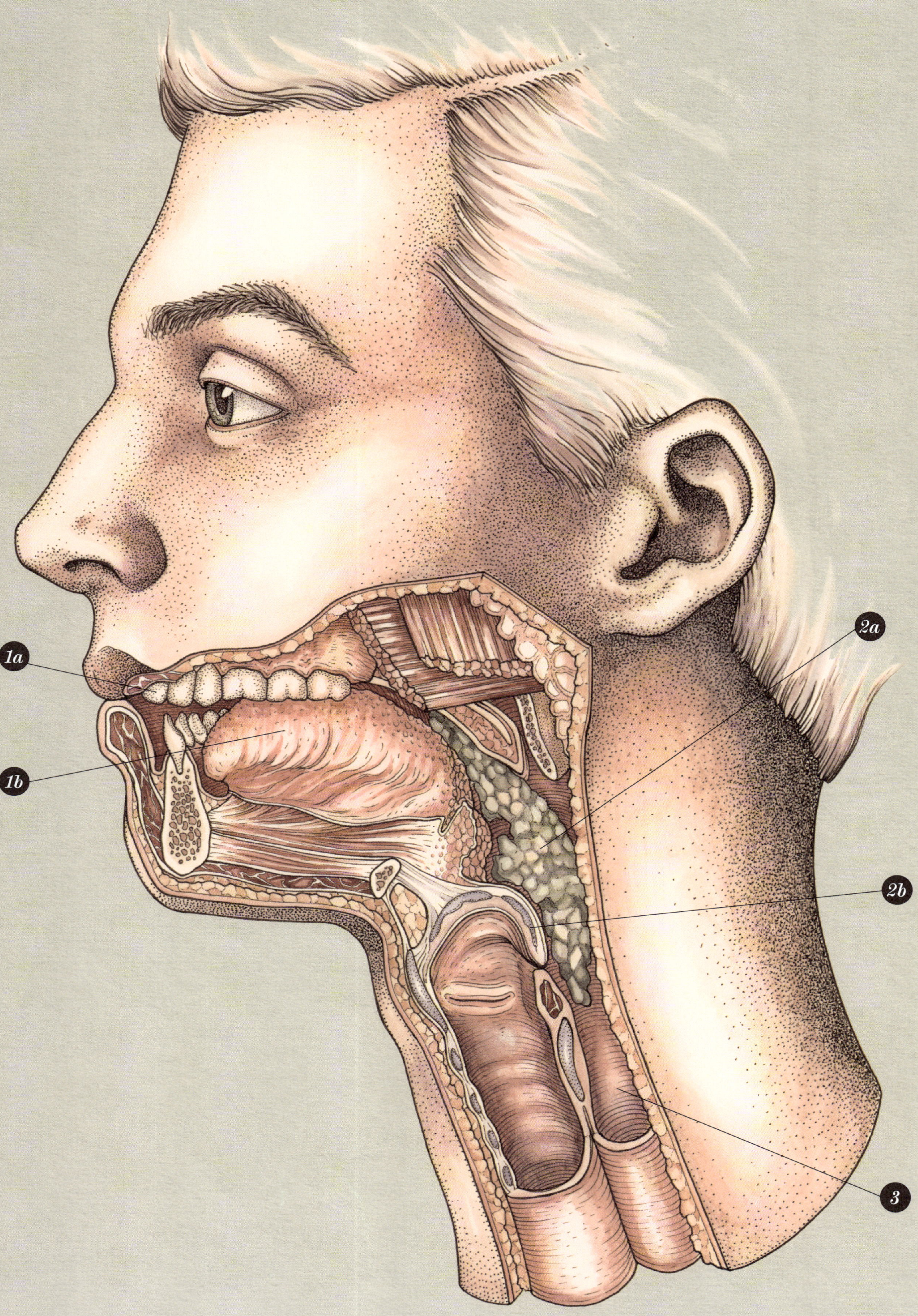
1a
1b
2a
2b
3

# Die Zähne

Der Mund eines Erwachsenen enthält 32 Zähne, die in zwei Reihen im Ober- und Unterkiefer angeordnet sind. Ihre Aufgabe ist es, die Nahrung weich und geschmeidig zu machen, damit sie geschluckt werden kann.

Babys werden in der Regel ohne Zähne geboren und der erste Zahn bricht im Alter von etwa sechs Monaten durch. Im Alter von etwa drei Jahren haben die Kinder ein komplettes Gebiss mit 20 so genannten Milchzähnen. Wenn Kinder heranwachsen, werden ihre Milchzähne von den bleibenden Zähnen der Erwachsenen verdrängt, die im Kiefer bereits angelegt sind. Die meisten Menschen haben mit 30 Jahren insgesamt 32 Zähne, einschließlich der vier Weisheitszähne ganz hinten im Mund, die erst im Teenageralter durchbrechen – und oft Ärger bereiten! Dieser zweite Satz erwachsener Zähne muss ein ganzes Leben lang halten, denn Zähne sind nicht in der Lage, sich selbst zu reparieren. Durch Karies können Löcher in den Zähnen entstehen, die von einem Zahnarzt behandelt werden müssen. Wenn die Karies zu stark ist oder ein Zahn durch eine Verletzung beschädigt wurde, wird manchmal der ganze Zahn entfernt.

Die Form eines Zahns und seine Position im Mund deuten bereits auf seine Funktion hin. An der Vorderseite des Mundes befinden sich die Schneidezähne: scharfe, flache Zähne, die leicht in die Nahrung einschneiden. Neben den Schneidezähnen befinden sich die Eckzähne, die eine spitzere Form haben und ebenfalls zum Beißen, Zerreißen oder Festhalten von Nahrung dienen. Die Backen- und Mahlzähne, die im hinteren Teil des Mundes sitzen, haben eine flache, viereckige Form mit Furchen auf ihrer Oberseite. Sie sind ideal geformt, um die Nahrung beim Kauen zu zerdrücken und zu zermahlen.

Jeder Zahn ist aus mehreren Schichten aufgebaut. Der Zahnschmelz wirkt als äußere Schicht wie ein Schutzpanzer, der die Zahnkrone (Oberseite) umhüllt. Er verleiht den Zähnen aufgrund des hohen Gehalts an Mineralien wie Kalzium ihre weiße Farbe. Unter dem Zahnschmelz liegt das Zahnbein (Dentin), eine harte Substanz, die das Zahnmark in der Mitte des Zahns schützt. Das Mark bildet eine weiche Polsterung um die empfindlichen Blutgefäße und Nerven des Zahns. Der untere Teil des Zahns, die Wurzel, sitzt tief im Zahnfleisch über dem Kieferknochen. Die einzelnen Zähne sind durch Bindegewebsfasern im Kiefer verankert. Die Wurzel ist zudem von einer Zementschicht bedeckt, die – wie der Name schon sagt – den Zahn fest an seinem Platz hält.

### Bildlegende

*1:* **Schädel eines Erwachsenen**
Die Zahnwurzeln reichen tief in die Kieferknochen hinein.

*2:* **Kinderschädel**
Hier sehen wir, wie sich die bleibenden Zähne unter den Milchzähnen entwickeln. Sie brechen in der Kindheit durch, lockern und ersetzen schließlich die Milchzähne.

*3:* **Arten von Erwachsenenzähnen**
*a)* Mahlzähne (12): Die hinteren Backenzähne, einschließlich der Weisheitszähne, haben flache, breite Oberflächen, die so geformt sind, dass sie die Nahrung zermahlen und zerdrücken.
*b)* Backenzähne (8): Kleiner als die Mahlzähne, zerkleinern ebenfalls die Nahrung.
*c)* Eckzähne (4): Auf jeder Seite befindet sich oben und unten ein scharfer, spitzer Eckzahn, der zum Beißen oder Zerreißen von Nahrung dient.
*d)* Schneidezähne (8): Oben und unten befinden sich vorn jeweils vier flache, messerartige Schneidezähne zum Abbeißen.

*4:* **Oberkiefer (Maxilla), von unten**

*5:* **Unterkiefer (Mandibula), von oben**

*6:* **Aufbau eines Zahns**
*a)* Zahnschmelz: Harte äußere Schicht
*b)* Zahnbein (Dentin): liegt unter dem Zahnschmelz
*c)* Zahnmark: Das weiche Zahnmark liegt im Inneren des Zahns und enthält Blutgefäße, Zellen und Nerven.
*d)* Wurzel: Mit der Wurzel ist der Zahn im Zahnfleisch verankert.
*e)* Wurzelzement: Diese harte Substanz umgibt die Zahnwurzel und sorgt für ihren festen Sitz im Kiefer.

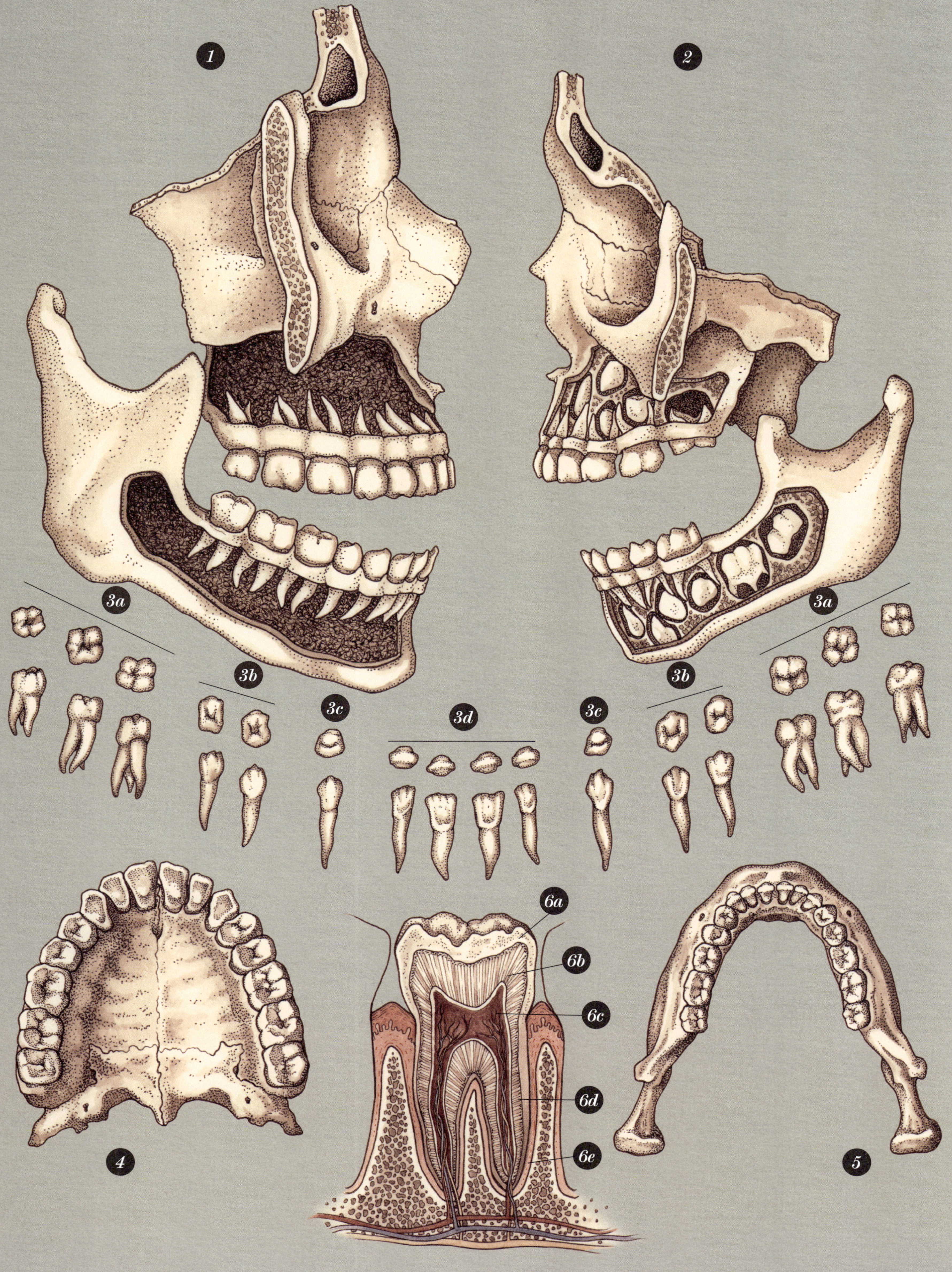

1
2
3a
3b
3c
3d
3c
3b
3a
6a
6b
6c
6d
6e
4
5

# Der Magen

Nachdem die Nahrung geschluckt wurde, wird sie in den Magen transportiert: ein gewölbter Muskelsack im oberen linken Bereich des Bauches. Der Magen speichert die Nahrung, die wir essen, während er sie kräftig aufwirbelt, um sie mit der Magensäure zu vermischen. Der in diesem Prozess entstehende Speisebrei wird Chymus genannt. Er wird an den nächsten Abschnitt des Verdauungstrakts weitergeleitet.

Etwa 1,5 Liter magensäurehaltiger Magensaft werden täglich von den Zellen der Magenschleimhaut produziert. Er verdaut die Nahrung chemisch, indem er lange Moleküle in kleinere zerlegt (siehe Seite 40). Er trägt auch dazu bei, gefährliche Bakterien in der Nahrung abzutöten. Eine Schleimschicht verhindert, dass die Magenwand durch die Säure des Magensafts beschädigt wird. Gelegentlich kann eine Infektion die Schleimproduktion stoppen, so dass die Säure beginnt, den Magen zu zerfressen. Ein Loch oder ein schmerzhaftes Geschwür entsteht.

Die Magenwände bestehen aus glatter Muskulatur, die in drei separaten Schichten angeordnet ist. Die Fasern in diesen sich überlappenden Muskelschichten verlaufen in verschiedenen Richtungen, von links nach rechts, von oben nach unten sowie diagonal um die Magenwände herum. Wenn sie sich zusammenziehen, macht der Magen wellenartige Bewegungen zum Durchmischen des Speisebreis. Hat dein Magen schon einmal geknurrt, wenn du eine Weile nichts gegessen hast? Das ist ein normales Geräusch, das durch die Bewegung des Magens entsteht. Wenn der Magen leer ist, füllt er sich mit Gas, und ohne Nahrung, die das Geräusch dämpft, klingt das Knurren viel lauter. Der Magen eines Erwachsenen kann maximal etwa 1 bis 2 Liter Nahrung und Getränke aufnehmen. Um dem Bedürfnis nach Ausdehnung gerecht zu werden, sind die Innenwände des Magens in zahlreiche Falten gelegt, die sich auffalten und so die Wände dehnen, während sich der Magen füllt. Spezielle Sensoren in der Magenwand können feststellen, ob der Magen gedehnt ist, was zu einem Sättigungsgefühl führt.

Je nachdem, was man gegessen hat, kann die Nahrung 20 Minuten oder viele Stunden im Magen verbleiben. Einfache, leicht verdauliche Speisen wie gekochtes Obst und Gemüse werden relativ schnell verdaut, während fettreiche Speisen mehrere Stunden brauchen können. Ist die Nahrung bereit, den Magen zu verlassen, lässt ein spezielles „Ventil", der *Magenpförtner* genannte Schließmuskel an der Magenbasis, kleine Mengen an Speisebrei in den Dünndarm durch. Dadurch wird die Geschwindigkeit, mit der die Nahrung ihren Weg durch den Körper nimmt, sorgfältig kontrolliert.

## Bildlegende

*1:* **Speiseröhre (*Oesophagus*)**
Die Muskelröhre, die vom Rachen zum Magen führt.

*2:* **Mageneingang (*Cardia*)**
Dieser Ring aus glatter Muskulatur wirkt wie ein Ventil: Er lässt Nahrung in den Magen, verhindert aber, dass Nahrung und Magensäure zurück in die Speiseröhre gelangen.

*3:* **Schichten der Magenwand**
*a)* Schrägmuskelschicht
*b)* Ringmuskelschicht
*c)* Längsmuskelschicht

*4:* **Magen**
Die Innenseite dieses Muskelsacks weist dicke Falten (*Rugae*) auf. Sie entfalten sich, wenn sich der Magen füllt, und ermöglichen so seine Ausdehnung.

*5:* **Magenpförtnermuskel**
Ein Ring aus glatten Muskeln, der die kontrollierte Abgabe von Speisebrei aus dem Magen in den Dünndarm gewährleistet und den Rückfluss von Speisebrei in den Magen verhindert.

*6:* **Zwölffingerdarm**
Der erste Abschnitt des Dünndarms.

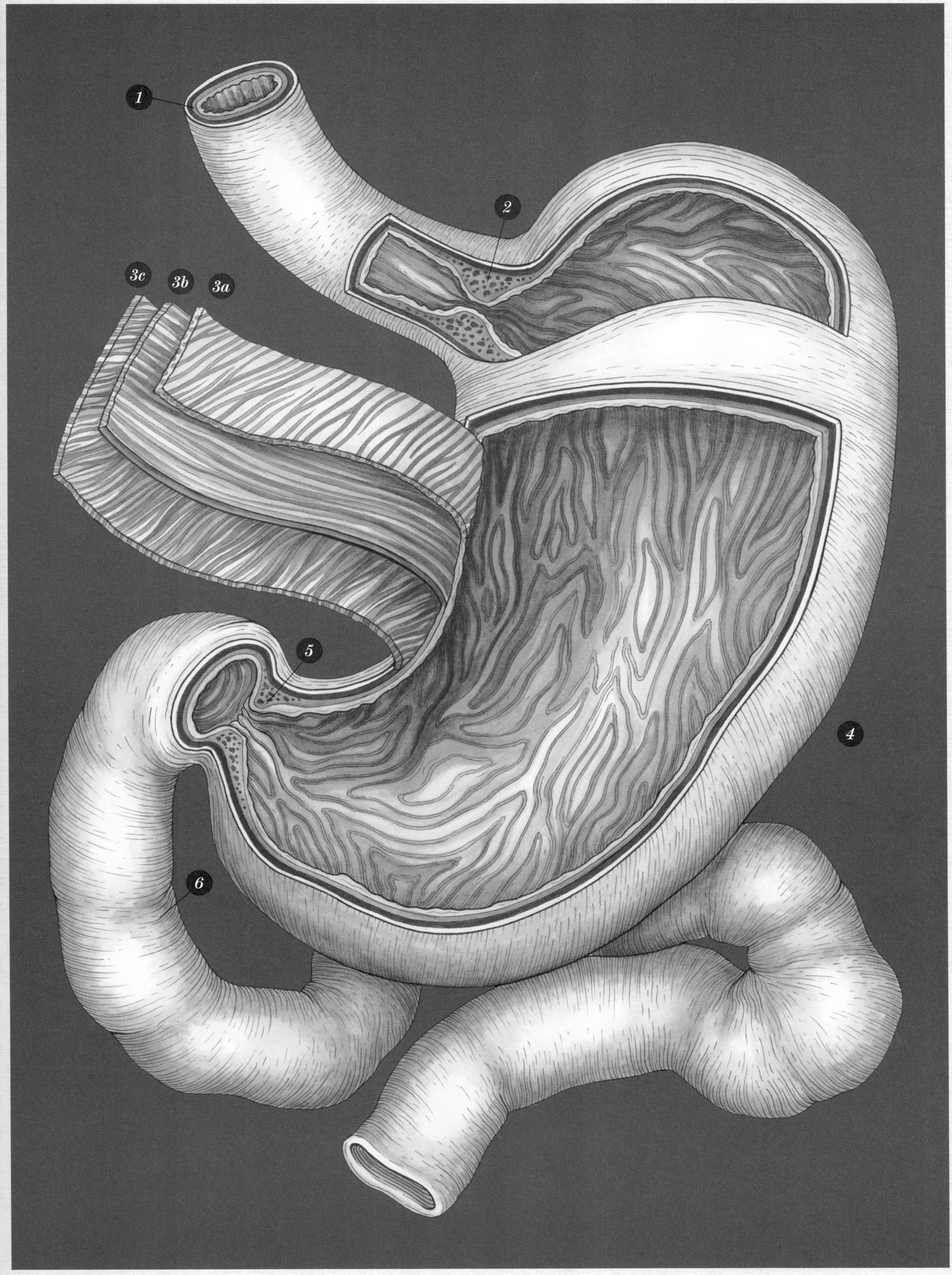
1
2
3c
3b
3a
5
4
6

# Der Darm

In den langen Schläuchen des Dünn- und Dickdarms findet der wesentliche Prozess der Verdauung und Nährstoffaufnahme statt (siehe Seite 40). Der Dünndarm ist der längste Teil des Verdauungssystems und beginnt am Magenausgang. Er besteht aus drei Teilen: dem Zwölffingerdarm, dem Leerdarm und dem Krummdarm. Im kurzen, gekrümmten Zwölffingerdarm (*Duodenum*) trifft der saure Speisebrei aus dem Magen auf alkalische Flüssigkeiten, die von der Leber, der Gallenblase und der Bauchspeicheldrüse abgesondert werden, um den Säuregehalt des Speisebreis zu verringern und sicherzustellen, dass die Verdauungsenzyme des Darms richtig arbeiten können.

Danach wird der Speisebrei durch regelmäßige Wellen von Muskelkontraktionen, der so genannten Peristaltik, durch die Schlingen und Windungen des Leerdarms (*Jejunum*) und Krummdarms (*Ileum*) befördert. Auf seinem Weg wird der Speisebrei weiter verdaut und absorbiert. Die Wände des Dünndarms sind nicht nur sehr lang, sondern auch eng gefaltet und mit Millionen von winzigen fingerartigen Fortsätzen, den Zotten, bedeckt. Zusammengenommen vergrößern diese die Oberfläche des Darms enorm. Ausgestreckt würden sie eine Fläche von etwa 250 Quadratmetern bedecken. Dies ermöglicht eine schnelle und einfache Aufnahme von Nährstoffen und Wasser, die direkt in die Blutgefäße innerhalb der Zotten gelangen.

Wenn der Speisebrei den Dickdarm erreicht, hat der Körper den größten Teil der darin enthaltenen Nährstoffe bereits aufgenommen, so dass eine Mischung aus Wasser und Abfallstoffen zurückbleibt, die ausgeschieden werden muss. Während der Speisebrei durch den 1,5 Meter langen Dickdarm geschoben wird, wird sein Wassergehalt wieder in den Körper aufgenommen. Dieser Prozess kann sehr lange dauern (bis zu 40 Stunden), ist aber unerlässlich, um den Speisebrei auszutrocknen und feste Abfälle zu produzieren, die als Fäkalien oder Kot bezeichnet werden. Die Fäkalien werden im Mastdarm gespeichert, bis man auf die Toilette muss, wo sie den Körper durch den After verlassen.

## Bildlegende

*1:* **Dünndarm (*Intestinum tenue*)**
Hier werden die meisten Nährstoffe aufgenommen. Der Dünndarm ist in Zwölffingerdarm, Krummdarm und Leerdarm unterteilt, wobei diese Teile durch ihr Aussehen allein schwer zu unterscheiden sind.

*2:* **Dickdarm (*Intestinum crassum*)**
Hier wird den Nahrungsresten, bevor sie den Körper verlassen, das Wasser entzogen. Die Ausstülpungen des Dickdarms werden *Haustren* genannt.
*a)* Mastdarm (*Rectum*): Hier wird der Kot zwischengespeichert.
*b)* After (*Anus*): Austrittsstelle des Kots aus dem Körper.
*c)* *Taenia Coli:* Bandförmige Muskelverstärkung an der Außenseite des Dickdarms.

*3:* **Querschnitt durch den Dünndarm**
*a)* Innere Schleimhaut: Ihre gefaltete, mit Zotten ausgekleidete Oberfläche sorgt für die Nährstoffaufnahme.
*b)* Submukosa: Sie enthält Blutgefäße, Nerven und Lymphgefäße.
*c)* Muskelschichten: Zwei miteinander verbundene Muskelschichten ziehen sich zusammen, um die Nahrung zu befördern.
*d)* Äußere Hülle (*Serosa*): ein bindegewebiger Überzug

*4:* **Dünndarmzotten**
Fingerartige Ausstülpungen (Zotten) säumen den Dünndarm und vergrößern seine Oberfläche. So werden Nährstoffe schnell in den Blutkreislauf aufgenommen.
*a)* Epithelschicht: Diese oberste Schicht ist nur eine Zelle dick.
*b)* Blut- und Lymphgefäße (siehe Seite 76)

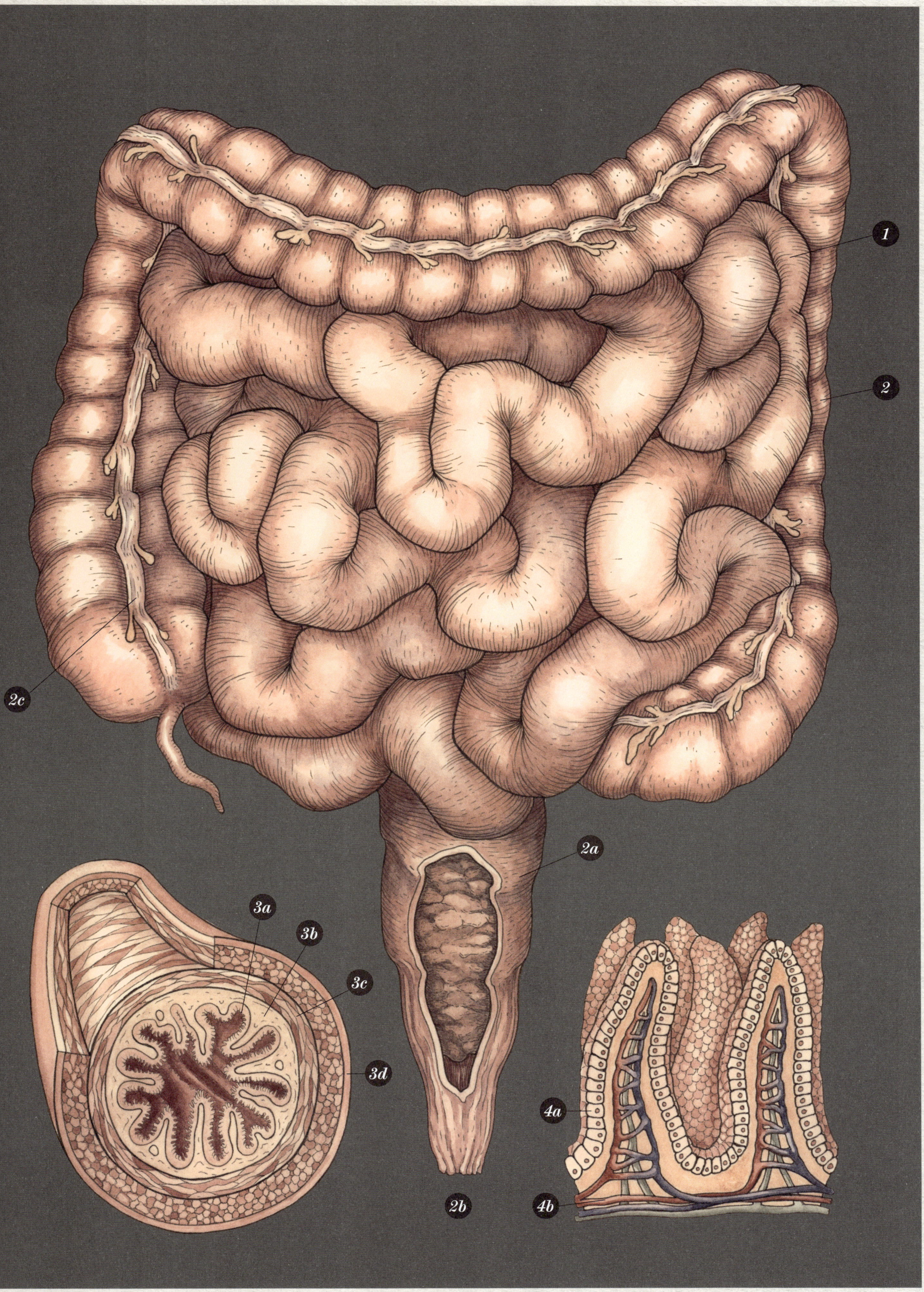
1
2
2c
2a
3a
3b
3c
3d
4a
2b
4b

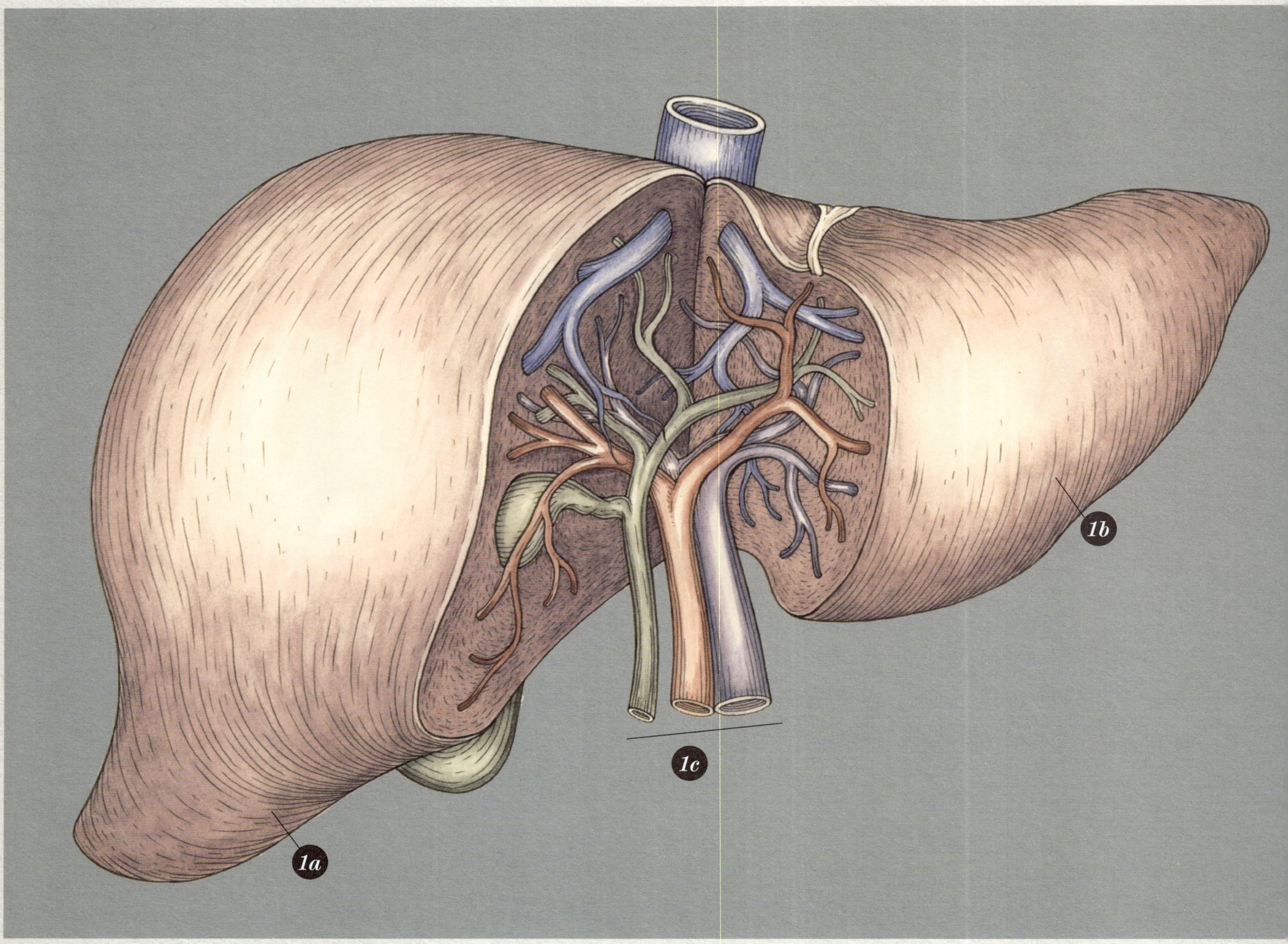




# Die Leber

Die Leber steuert sorgfältig Hunderte von Prozessen, um das Blut sauber und den Körper gesund zu halten. Das größte Organ im Körperinneren besteht aus vier *Lappen* genannten Teilen und sitzt – annähernd dreieckig – rechts oben im Bauch, direkt unter Brustkorb und Zwerchfell. Aufgrund ihrer umfangreichen Blutversorgung ist die Leber von tiefroter Farbe. In ihr sammeln sich über 10 Prozent des gesamten Blutes: 1,5 Liter werden jede Minute durch sie hindurchgepumpt.

Die Leber erfüllt drei wichtige Aufgaben: Sie reinigt das Blut, produziert Galle und speichert Energie. Erstens entfernt die Leber alle Stoffe, die schädlich sein könnten. Dabei kann es sich um Reste von Nahrungsmitteln nach der Verdauung oder um Giftstoffe wie Medikamente oder Alkohol handeln. Oft kann die Leber Giftstoffe in Moleküle umwandeln, die für den Körper weniger schädlich sind. Oder sie schickt die Gifte über den Verdauungstrakt mit den Fäkalien oder über die Nieren mit dem Urin zum Ausscheiden aus dem Körper.

Zweitens stellt die Leber Galle her: eine zähe gelb-grüne Flüssigkeit, die der Körper für die Fettverdauung benötigt. Die Galle wird entweder direkt in den Dünndarm abgegeben oder in der Gallenblase gespeichert, bis sie gebraucht wird.

Drittens speichert und produziert die Leber Energie, wie eine Batterie, die sich auflädt und in Aktion tritt, wenn das Energieniveau niedrig ist. Die Leber wird durch das Blut aus dem

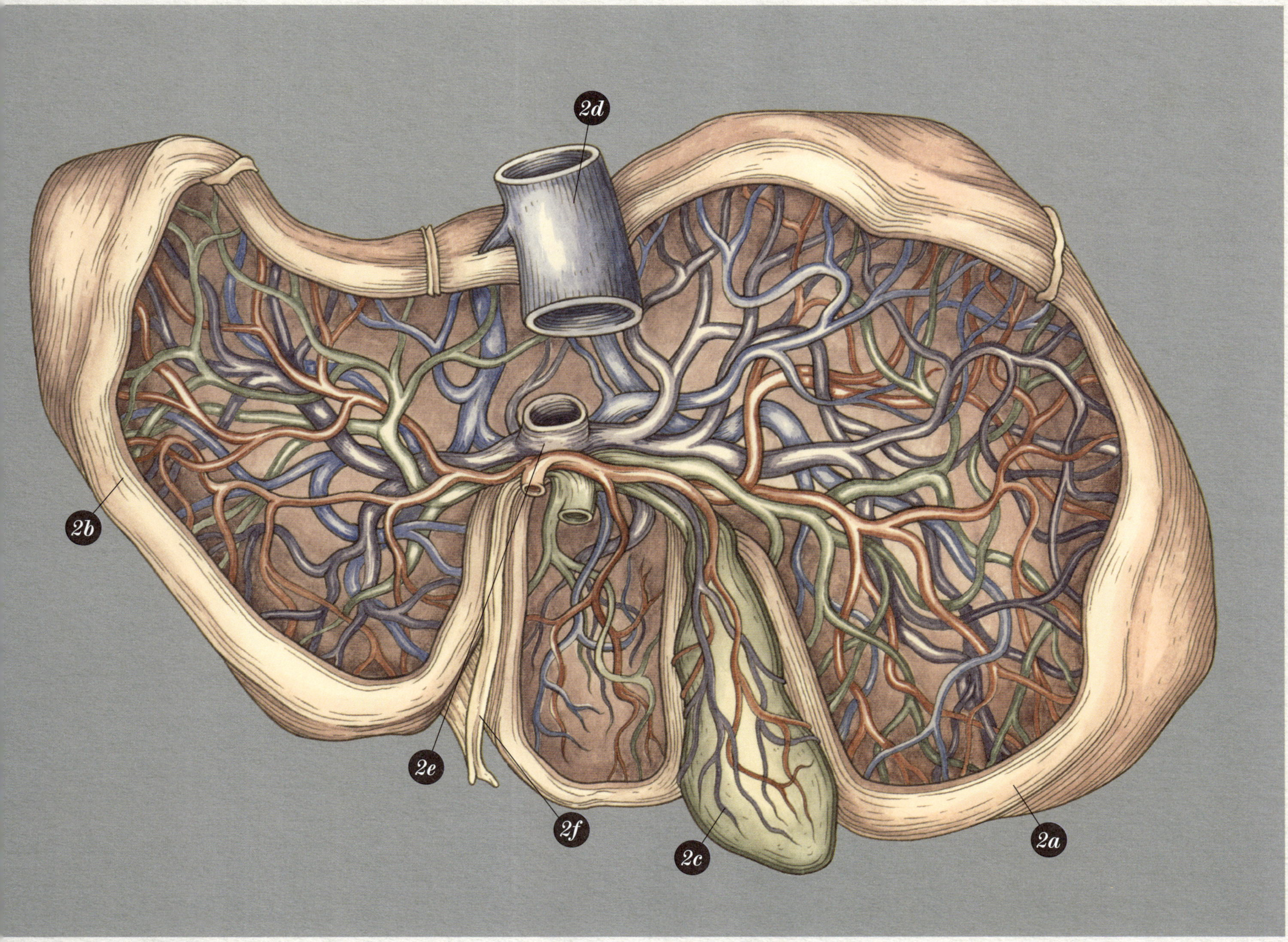


Dünn- und Dickdarm „aufgeladen“, das voller bei der Verdauung aufgenommener Nährstoffe steckt.

Das Blut aus dem Darm wird über das so genannte *Pfortadersystem* in die Leber geleitet. Auf diesem Weg gelangen auch alle Giftstoffe im Blut zur Leber, um herausgefiltert und aus dem Körper entfernt zu werden. Die Leber kann sich als einziges inneres Organ des menschlichen Körpers regenerieren. Schäden an der Leber (z.B. durch Krankheiten, zu viel Alkohol), können dazu führen, dass sie nicht mehr richtig funktioniert und der Mensch sehr krank wird. Wenn jedoch die geschädigten Teile der Leber entfernt werden (wobei mindestens ein Drittel zurückbleiben muss), kann der Rest der Leber wieder zu voller Größe nachwachsen.

### Bildlegende

*1:* **Leber, von vorne**
*a)* Rechter Leberlappen (*Lobus dexter*)
*b)* Linker Leberlappen (*Lobus sinister*)
*c)* Pfortadersystem: Das nährstoffreiche Blut gelangt aus Dünn- und Dickdarm zur Leber. Außerdem fließt sauerstoffreiches Blut aus der Hauptblutversorgung des Bauchraums dorthin. Währenddessen wird die in der Leber gebildete Galle zur Speicherung in die Gallenblase oder direkt in den Dünndarm transportiert.

*2:* **Leber, von hinten**
Die Leber ist sehr gut durchblutet.
*a)* Linker Leberlappen
*b)* Rechter Leberlappen
*c)* Gallenblase (*Vesica fellea*)
*d)* Untere Hohlvene (*Vena cava inferior*): Hier tritt das aus der Leber kommende Blut auf seinem Weg zum Herz aus.
*e)* Pfortader (*Vena portae*): Das aus dem Darm kommende Blut tritt hier in die Leber ein.
*f)* Sichelförmiges Leberband (*Ligamentum falciforme*): Diese Bindegewebsstruktur unterteilt die Leber in einen linken und einen rechten Lappen und dient der Befestigung an der Innenseite des Bauches.

# Bauchspeicheldrüse und Gallenblase

Die Bauchspeicheldrüse (*Pankreas*) spielt sowohl im Verdauungs- als auch im hormonellen (endokrinen) System eine wichtige Rolle (siehe Seite 82). Die blattförmige Bauchspeicheldrüse liegt in der Nähe des Magens und schmiegt sich mit ihrem *Kopf* in die Krümmung des Zwölffingerdarms (erster Teil des Dünndarms). Diese Position ermöglicht es ihr, die „Pankreassäfte" direkt in den Darm abzugeben und so den sauren Speisebrei zu neutralisieren, bevor er weiter durch das Verdauungssystem wandert.

Wenn eine Drüse (ein Organ, das Chemikalien absondert) eine Substanz auf diese Weise direkt in ein Organ oder Gewebe abgibt, spricht man von einer *exokrinen* Funktion. Die Bauchspeicheldrüse ist eine besondere Drüse, da sie auch eine *endokrine* Funktion hat, d.h. sie gibt auch chemische Stoffe direkt ins Blut ab. Zwei der von der Bauchspeicheldrüse produzierten Stoffe sind Insulin und Glukagon: zwei wichtige Hormone für die Kontrolle des Zuckerspiegels. Wenn der Blutzuckerspiegel zu niedrig ist, fühlst du dich schwindlig oder benommen. Dann produziert die Bauchspeicheldrüse Glukagon, um die Leber anzuweisen, Zucker freizusetzen. Wenn dein Zuckerspiegel zu hoch ist, produziert die Bauchspeicheldrüse Insulin, das die Menge des Zuckers im Blut reduziert. Bei der Erkrankung Diabetes hört die Bauchspeicheldrüse auf, diese Hormone zu produzieren, und es muss Insulin gegeben werden, um den Zuckerspiegel zu kontrollieren.

Wo der Bauchspeicheldrüsensaft in den Dünndarm eintritt, befindet sich auch der Eingang einer anderen für die Verdauung wichtigen Flüssigkeit: die der Galle. Die Gallenflüssigkeit wird in der Leber hergestellt, aber in einem kleinen Muskelsack, der Gallenblase, gespeichert. Sie besteht hauptsächlich aus Wasser, enthält aber auch viele Salze und Fette, die bei manchen Menschen zusammenkleben und kleine steinähnliche Ablagerungen, die so genannten Gallensteine, bilden können. Diese „Steine" können harmlos sein. Wenn aber einer aus der Gallenblase austritt und in den Gallenblasengang zwischen Gallenblase und Darm gelangt, kann er starke Schmerzen verursachen. Menschen, deren Gallenblase aufgrund regelmäßiger Schmerzen entfernt wird, können auch ohne Galle ein normales Leben führen.

## Bildlegende

*1:* **Gallenblase (*Vesica fellea*)**
Ein beutelförmiges Organ, das die von der Leber produzierte Gallenflüssigkeit speichert. Die hilft bei der Verdauung von Fetten und wird nach dem Essen in den Zwölffingerdarm abgegeben.

*2:* **Zwölffingerdarm (*Duodenum*)**
Der erste Abschnitt des Dünndarms ist gebogen. Die Öffnungen des Gallenblasenganges (von Gallenblase und Leber) und der Bauchspeicheldrüse befinden sich hier. Diese Organe produzieren wichtige Stoffe für die Verdauung der Nahrung.

*3:* **Bauchspeicheldrüse (*Pankreas*)**
In der Bauchspeicheldrüse wird Pankreassaft produziert, der in den Zwölffingerdarm entleert wird.

*4:* **Gallenblase mit Gallensteinen**
Oft bilden die Salze der Galle kleine Ablagerungen, die wie Steine in der Gallenblase sitzen. Normalerweise sind diese Gallensteine harmlos. Tritt aber einer aus der Gallenblase aus und verstopft den Gang zwischen Gallenblase und Zwölffingerdarm können starke Schmerzen und Entzündungen auftreten.

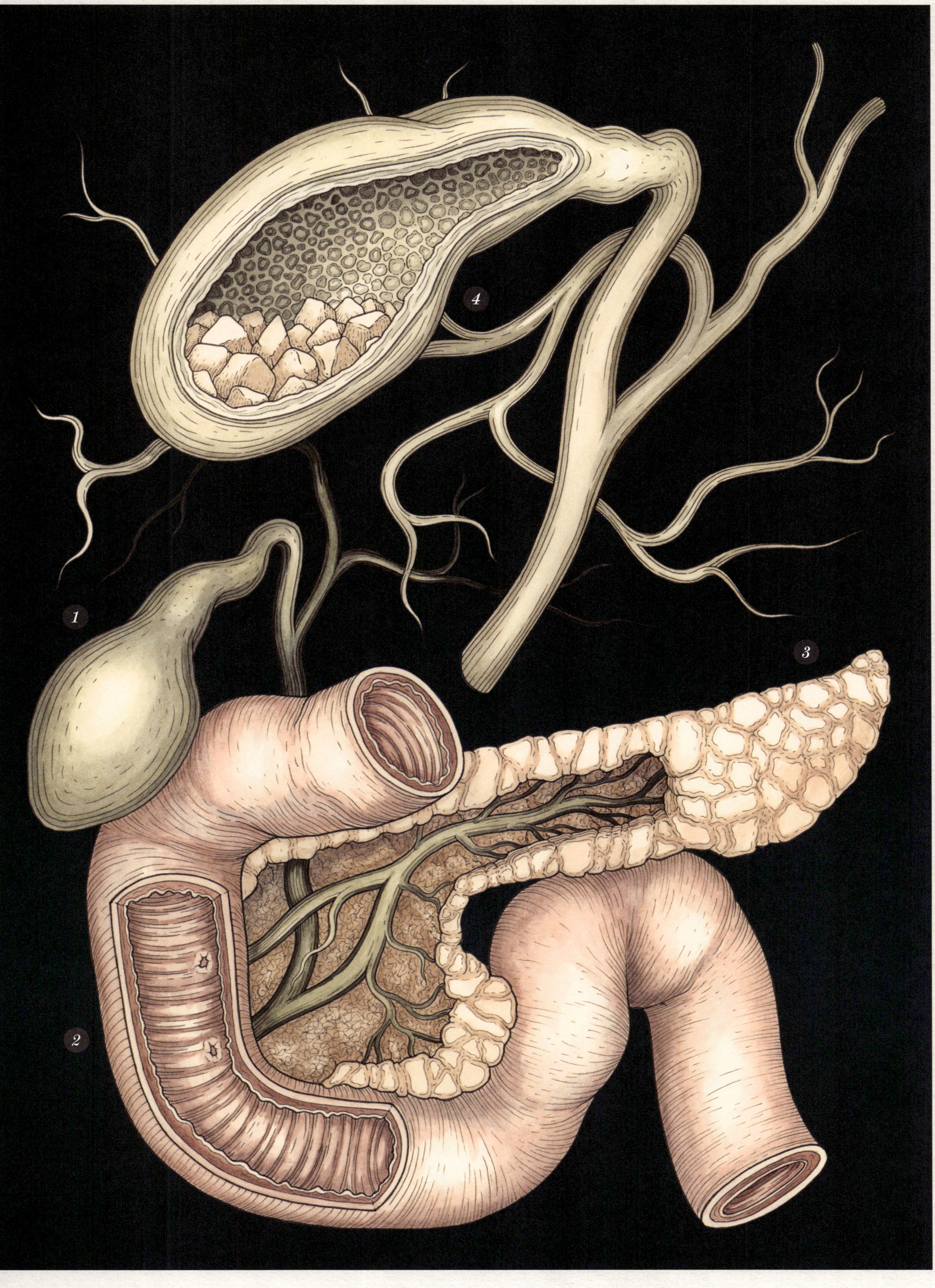

4
1
3
2

# Das Harnsystem

Das körpereigene „Abwassersystem", das Harnsystem, besteht aus mehreren Organen, die dafür verantwortlich sind, dass Abfallprodukte aus dem Blut in Urin umgewandelt und beim Wasserlassen ausgeschieden werden. Das gesamte System liegt im Bauchraum und im Becken. Die beiden Nieren befinden sich hoch oben an der Rückwand des Bauches, in der Nähe der Leber auf der rechten und des Magens und des Dünndarms auf der linken Seite. Die Nieren leisten die meiste Arbeit im Harnsystem, denn hier wird der Urin produziert. Der Rest des Systems ist eine Ansammlung von Kanälen und Bereichen, wo der Urin gespeichert wird, bis er den Körper verlässt.

Nachdem der Urin in den Nieren gebildet wurde (siehe Seite 56), tröpfelt er die dünnen Röhren der Harnleiter hinunter, die jeweils etwa 30 Zentimeter lang sind. Die glatte Muskulatur in den Harnleitern zieht sich zusammen und drückt den Urin nach unten in den Muskelsack der Blase, wo er gespeichert wird. Die Blase dehnt sich aus, wenn sie sich mit Urin füllt. Sie kann etwa 500 bis 600 Milliliter Flüssigkeit auf einmal aufnehmen, obwohl der Harndrang meist schon lange vorher spürbar ist. Spezielle Nervensensoren in der Blasenwand werden gedehnt, wenn sich die Blase füllt, und teilen dem Gehirn mit, dass du urinieren musst. Wenn es soweit ist, verlässt der Urin den Körper durch ein dünnes Rohr, die Harnröhre.

Urin besteht hauptsächlich aus Wasser, enthält aber auch Abfallprodukte wie Harnstoff, der beim Abbau von Proteinen entsteht, und andere giftige Chemikalien, die der Körper nicht verarbeiten kann. Ebenfalls enthalten ist die Chemikalie Urobilin, die dem Urin seine gelbliche Farbe verleiht. Sie entsteht, wenn der Körper alte Blutzellen recycelt. Die Farbe des Urins gibt Aufschluss über den Wasserhaushalt einer Person: Eine helle Farbe weist auf einen hohen Wassergehalt hin, während eine dunkle Farbe, also die stärkere Konzentration des Pigments, bedeutet, dass die Person nicht viel getrunken hat. Auf diese Weise kannst du leicht feststellen, ob du dehydriert bist und mehr Wasser trinken solltest. Für die meisten Menschen gilt: etwa 2 Liter pro Tag.

## Bildlegende

*1:* **Blutzufuhr zur Niere (Nierenarterie)**
Hier gelangt sauerstoffreiches Blut aus dem Herz zur Filterung in die Nieren.

*2:* **Blutabfuhr von der Niere (Nierenvene)**
Hier verlässt sauerstoffarmes Blut die Nieren.

*3:* **Linke Niere (*Ren sinister*)**
Die rechte und die linke Niere liegen hoch im Körper und produzieren Urin.

*4:* **Rechte Niere (*Ren dexter*)**
Die rechte Niere liegt meist etwas tiefer im Körper als die linke. Das liegt daran, dass die große Leber auf der rechten Seite viel Platz einnimmt.

*5:* **Harnleiter (*Ureter*) rechts und links**
Die beiden Harnleiter sind zwei lange muskulöse Röhren. Sie verbinden jede Niere mit der Blase und bilden einen Weg für den Urin.

*6:* **Harnblase (*Vesica urinaria*)**
Die Blase befindet sich im Becken und speichert den Urin, bis er den Körper wieder verlässt.

*7:* **Schließmuskel (*M. sphincter urethrea*)**
Dieser Muskelring steuert die Entleerung der Blase.

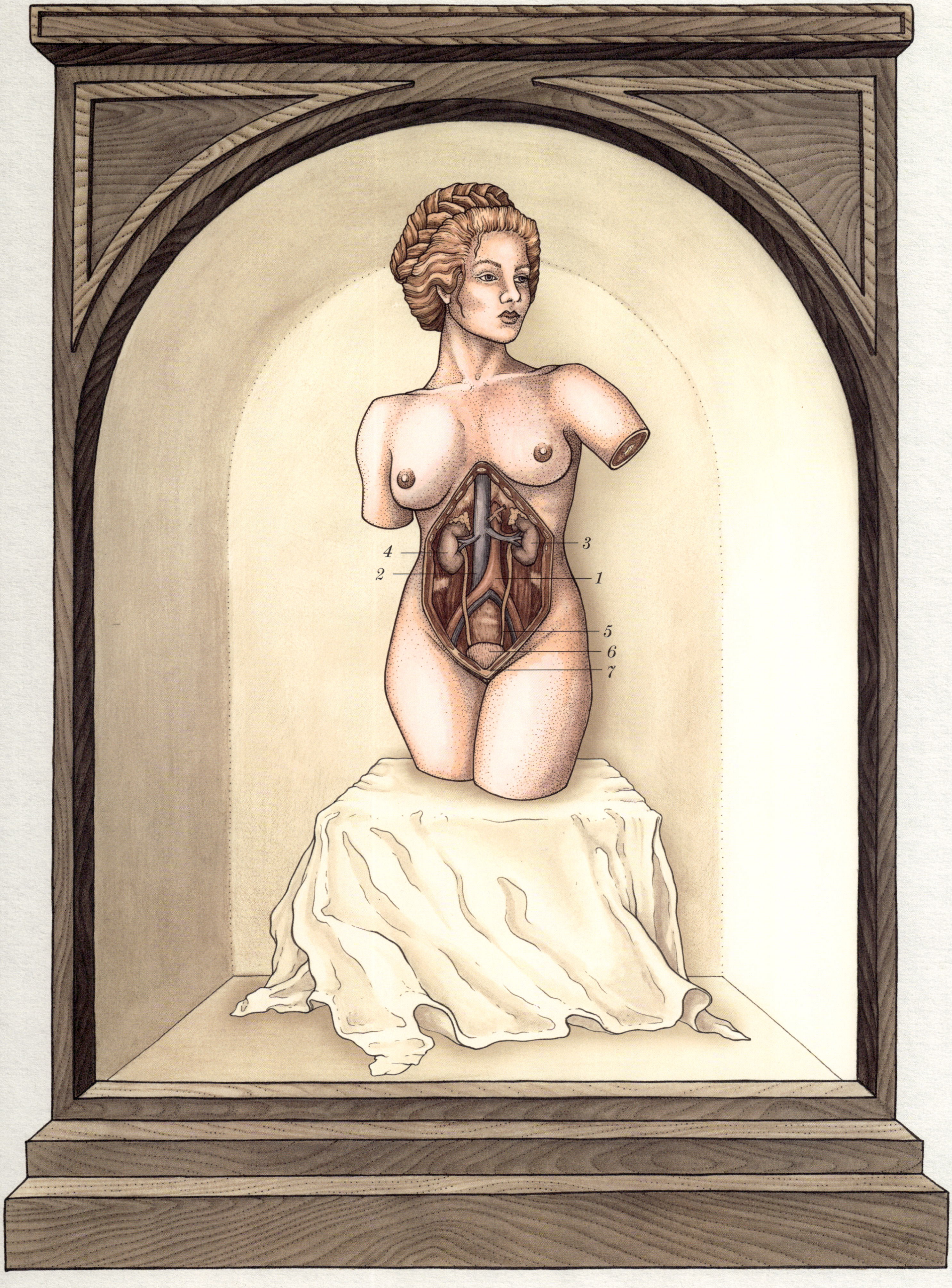

3
4
2
1
5
6
7

# Die Nieren

Die beiden bohnenförmigen Nieren befinden sich im hinteren Teil des Bauches, direkt unter dem Brustkorb. Jede von ihnen ist etwa 10 bis 15 Zentimeter groß und arbeitet ununterbrochen daran, das Blut des Körpers zu reinigen. Dazu pumpen die Nieren das Blut durch über eine Million winziger Filter, die Nephrone. Diese entfernen Abfallprodukte, die bei den chemischen Reaktionen des Körpers entstehen, leiten die Giftstoffe in den Urin weiter und nehmen alle Stoffe, die der Körper braucht, wieder auf. Zu diesem Zweck verfügen die Nieren über eine umfangreiche Blutversorgung, die 20 Prozent des Blutvolumens des Körpers aufnimmt. Man schätzt, dass das gesamte Blut im Körper über 300 Mal am Tag durch die Nieren fließt.

Die Nieren spielen auch eine wichtige Rolle für das Gleichgewicht von Wasser und Salzen im gesamten Körper. Wenn der Körper zu wenig von beidem hat, können die Nieren mehr davon aus dem Blut aufnehmen, das sie filtern, wodurch sich die Urinmenge verringert. Befindet sich dagegen zu viel Flüssigkeit im Blut, können die Nieren die Aufnahme stoppen und der Körper bildet mehr Urin. Gesunde Nieren sind für ein normales Leben unerlässlich. Glücklicherweise haben wir zwei Nieren. Wenn eine beschädigt wird oder aufhört zu arbeiten, kann die andere die Funktion beider Nieren übernehmen. Das bedeutet, dass es möglich ist, mit nur einer Niere zu leben. Wenn jedoch beide Nieren ausfallen, kann das Blut nicht mehr gereinigt werden, und es bilden sich gefährliche, krankheitsverursachende Giftstoffe. Menschen ohne funktionierende Nieren müssen sich einer Blutwäsche, der Dialyse, unterziehen, bei der das Blut aus dem Körper gepumpt und durch eine Maschine geleitet wird, die es filtert. Dieser Vorgang dauert mehrere Stunden und muss etwa dreimal pro Woche durchgeführt werden. Eine mögliche Methode zur Behandlung von Nierenerkrankungen ist die Organtransplantation, bei der dem*der Patient*in eine funktionstüchtige Niere von einer lebenden oder kürzlich verstorbenen Person übertragen wird. Nierentransplantationen werden seit über 50 Jahren mit sehr guten Erfolgsquoten durchgeführt. Bei der Transplantation wird die neue, funktionstüchtige Niere im Bereich des Beckens platziert und nicht an der normalen Stelle im Bauchraum. Die nicht funktionstüchtigen Nieren werden normalerweise nicht entfernt.

### Bildlegende

*1:* **Rechte Niere (*Ren dexter*)**
Die rechte Niere sitzt wegen der großen Leber auf der rechten Seite des Bauches tiefer als die linke.

*2:* **Linke Niere (*Ren sinister*)**
*a)* Nierenarterie (links): Ein großes Blutgefäß, das die Nieren mit sauerstoffreichem Blut versorgt.
*b)* Nierenvene (links): Dieses Blutgefäß leitet sauerstoffarmes Blut aus den Nieren zurück zum Herz.
*c)* Nierenrinde
*d)* Nierenmark: In der Nierenrinde und im Mark wird das Blut durch Millionen winziger Nephrone gefiltert.

*3:* **Harnleiter (*Ureter*)**
Ein langer muskulöser Schlauch, der die Niere mit der Blase verbindet.

*4:* **Nebenniere (*Glandula suprarenalis*)**
Drüsen, die Teil des endokrinen Systems und für die Produktion von Hormonen wie Adrenalin und Noradrenalin verantwortlich sind

*5:* **Nephron**
Diese gewundenen Röhren sind die Filtrationseinheiten der Niere, in denen Urin hergestellt wird.
*a)* Nierenkörperchen: Das Blut wird durch eine siebartige Struktur gefiltert und dann in den Rest des Nephrons geleitet.
*b)* Nierenkanälchen: Der Urin wird in Röhren gesammelt, die die Flüssigkeit aus der Niere in den Harnleiter leiten.

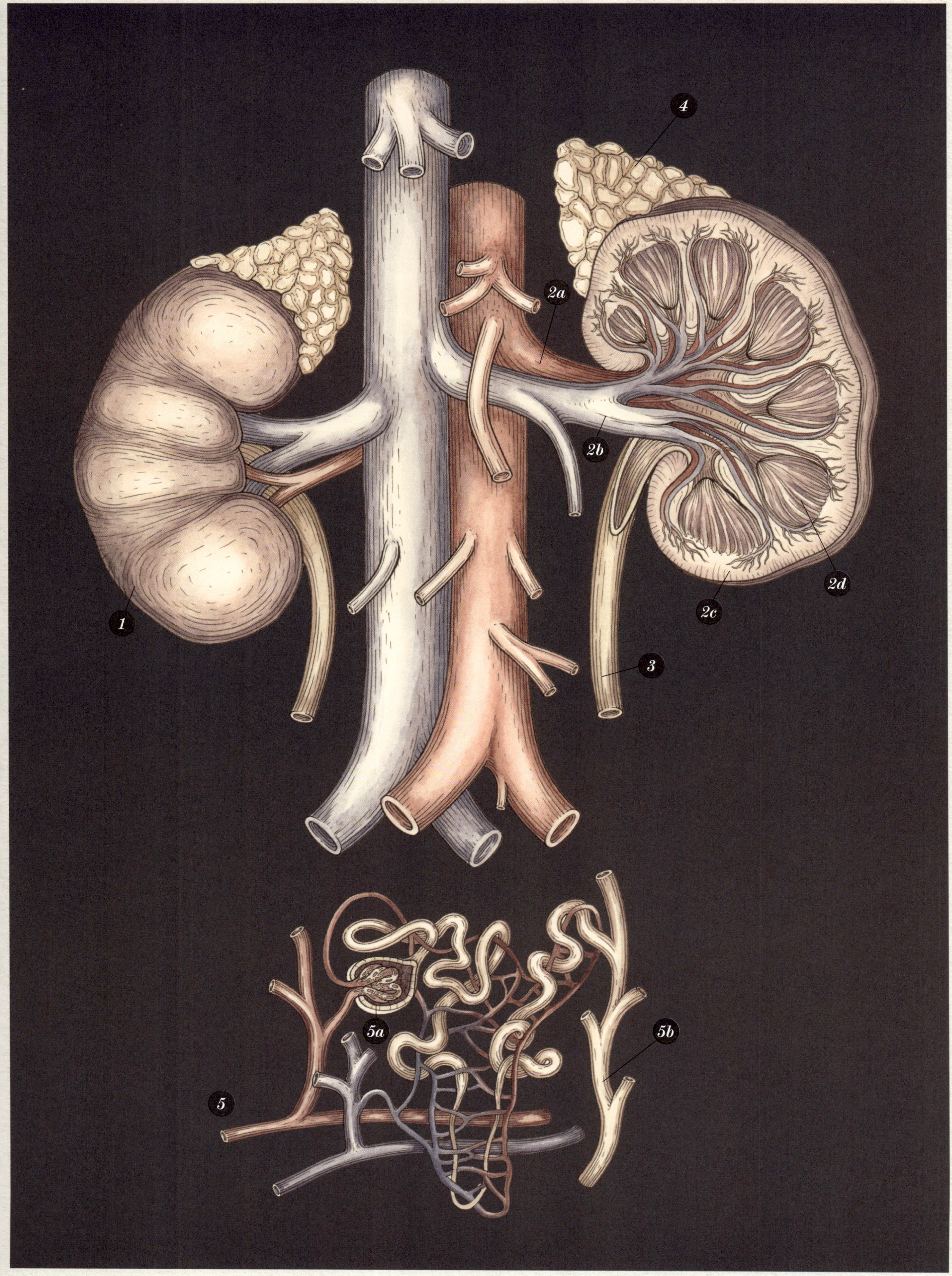
4
2a
2b
1
2d
2c
3
5a
5b
5

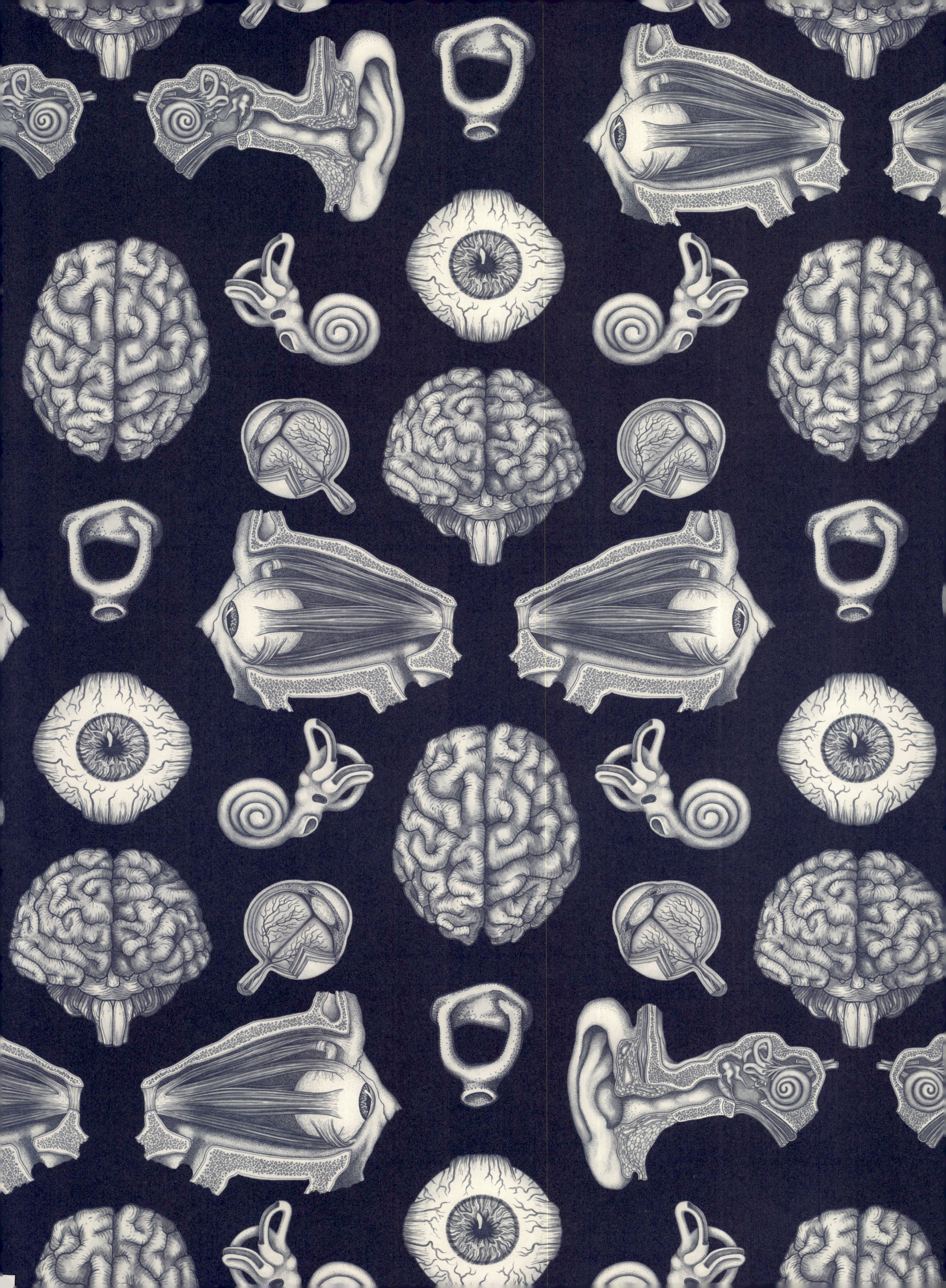

Saal 4

# Nervensystem & Sinnesorgane

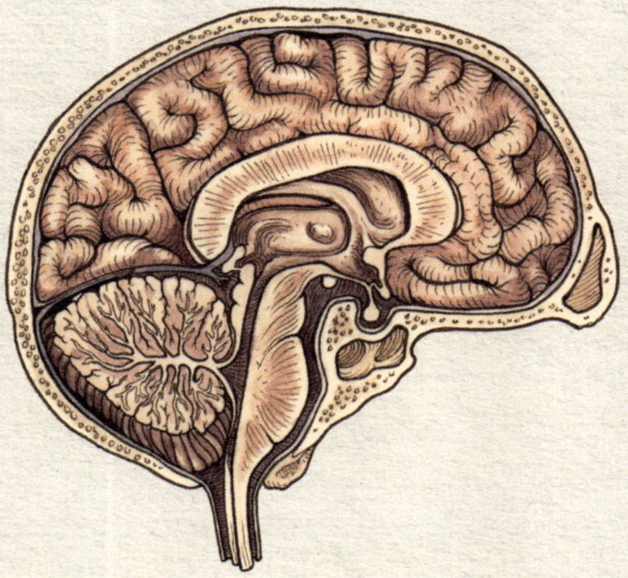

# Das Nervensystem

Mit Ausnahme der einfachsten Arten habe alle Tiere ein Nervensystem: ein komplexes Netzwerk, das wie eine elektrische Schaltanlage Informationen im Körper verarbeitet und weiterleitet. Der Mensch besitzt das am weitesten entwickelte Nervensystem, das wir kennen. Aufgrund dieses Systems sind wir die einzige Art im Tierreich, die sprechen, schreiben und hoch entwickelte Maschinen bauen kann.

Das Nervensystem verzweigt sich durch Organe und Gewebe, um jeden einzelnen Teil des Körpers mit seinem Kontrollzentrum, dem Gehirn, zu verbinden. Das Gehirn verarbeitet Hunderttausende von Nachrichten pro Sekunde. Man könnte es deshalb als den ausgeklügeltsten Supercomputer aller Zeiten bezeichnen. Alle Nachrichten – Informationen aus der Außenwelt und aus dem Körperinneren – werden in Form von elektrischen Signalen zum und vom Gehirn weitergeleitet. Sie laufen über Nervenbahnen, die man sich vorstellen kann wie vielbefahrene Straßen, auf denen Informationen wie Autos aneinander vorbeisausen. Sobald das Gehirn Informationen aufgenommen hat, kann es als Reaktion darauf eine Nachricht an den Körper zurücksenden. Wenn z.B. ein Auto auftaucht, während du die Straße überquerst, sehen deine Augen das Auto und senden eine Nachricht an das Gehirn, das die potenzielle Gefahr verarbeitet. Es sendet dann Signale, die dich veranlassen, auf den Bürgersteig zurückzutreten. Noch beeindruckender ist die Tatsache, dass dieser Austausch weniger als eine Sekunde dauert, da sich elektrische Impulse mit einer Geschwindigkeit von über 100 Metern pro Sekunde durch die Nervenbahnen bewegen.

Im Zentrum des Nervensystems stehen das Gehirn und das Rückenmark. Sie bilden das zentrale Nervensystem (ZNS) und steuern die meisten Aktionen des Körpers. Diese lebenswichtigen Organe sitzen gut geschützt im Schädel und in den Wirbeln der Wirbelsäule. Das Rückenmark ist mit dem peripheren Nervensystem (PNS) verbunden, das sich in den Rest des Körpers erstreckt. Es ist für das Sammeln von sensorischen Botschaften (durch die Sinnesorgane) und die Übermittlung motorischer Signale (Bewegungsbefehle) zwischen dem ZNS und anderen Körperteilen zuständig.

### Bildlegende

*1:* **Zentrales Nervensystem (ZNS)**
*a)* Gehirn: Kontrollzentrum für das gesamte Nervensystem. Alle bewussten (willkürlichen) und viele unbewusste (unwillkürliche) Handlungen laufen über das Gehirn.
*b)* Rückenmark: Dieser lange Nervenstrang verbindet das Gehirn mit dem peripheren Nervensystem.

*2:* **Peripheres Nervensystem (PNS)**
*a)* Spinalnerven: Das Rückenmark verzweigt sich auf der linken und rechten Seite in 31 Spinalnervenpaare. Jedes Spinalnervenpaar versorgt einen bestimmten Teil des Körpers. Die Nervenfasern wandern zum und vom Gehirn.
*b)* Periphere Nerven: Sie verlaufen zwischen den Körperorganen und den Gliedmaßen, um Nachrichten in Richtung Gehirn und Rückenmark und wieder zurück zu senden.

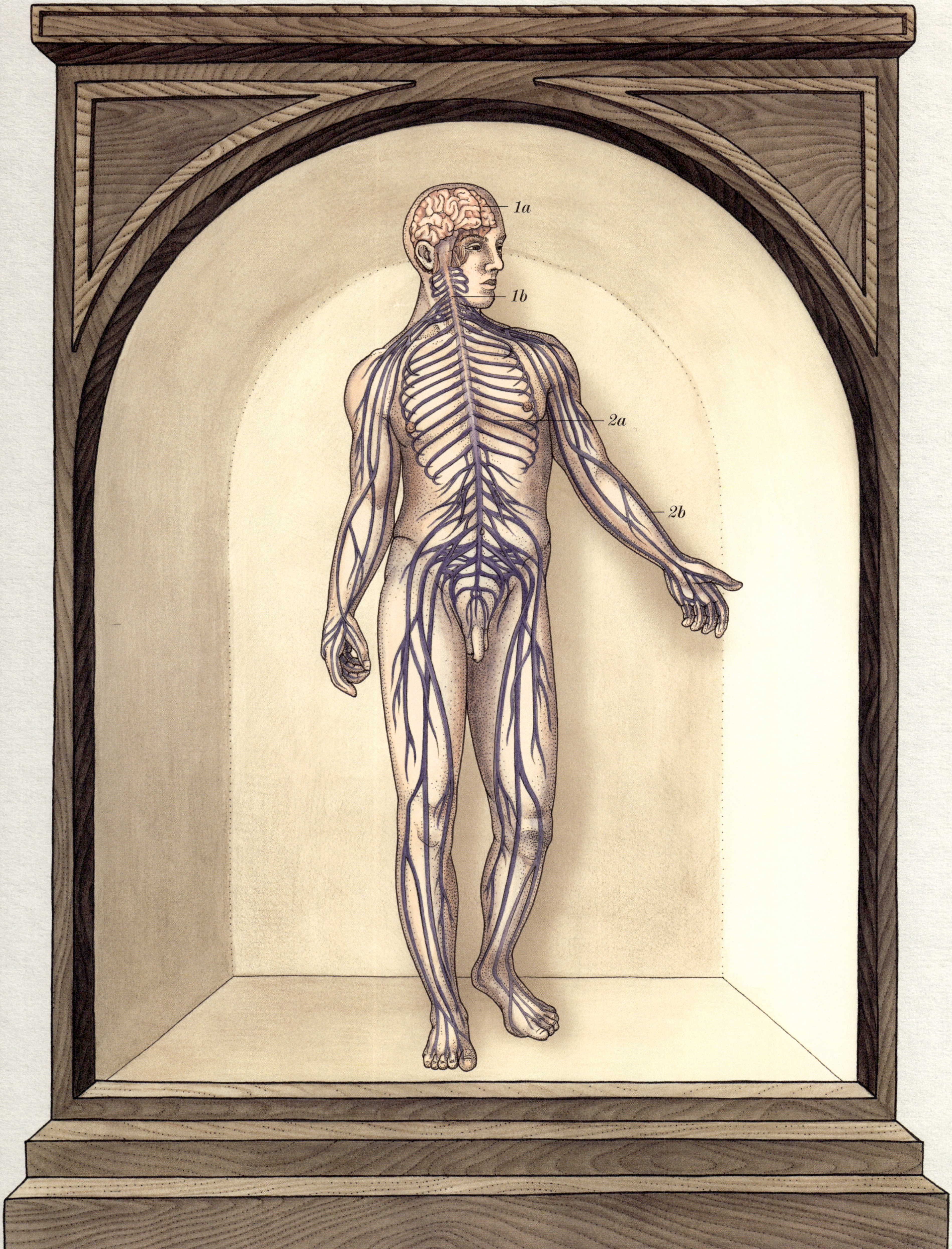
1a
1b
2a
2b

# Das zentrale Nervensystem

Das menschliche Gehirn ist ein bemerkenswert kompliziertes Organ, das noch nicht in seiner ganzen Komplexität erforscht ist. Obwohl es nur 3 Prozent unseres gesamten Körpergewichts ausmacht, verbraucht das Gehirn etwa 20 Prozent der Körperenergie. Dieser enorme Energiebedarf ist darauf zurückzuführen, dass das Gehirn alles steuert, was wir tun, von unseren Bewegungen über die Atmung bis hin zu Gedanken, Gefühlen und Erinnerungen.

Der äußerste Teil des Gehirns, die Hirnrinde, hat durch viele Windungen im Hirngewebe ein gefurchtes Aussehen. Würde man die Hirnrinde ausbreiten, wäre ihre Oberfläche etwa so groß wie eine Zeitung. Weil sie aber gefaltet ist, passen Hunderte von Milliarden Nervenzellen des Gehirns in den engen Raum des Schädels. Unsere Gehirne sind deshalb so gefaltet, weil sich ihre Größe im Laufe der menschlichen Evolution verdreifacht hat!

Der größte Teil des Gehirns ist das Großhirn, das für Denkprozesse sowie für bewusste Bewegungen und Empfindungen zuständig ist. Es ist in zwei Hälften unterteilt, die durch eine „Brücke" aus Gewebe miteinander verbunden sind: Die rechte Seite des Gehirns steuert die linke Seite des Körpers und umgekehrt. Innerhalb jeder Hälfte gibt es Bereiche, die für verschiedene Funktionen im Körper zuständig sind.

Die Entdeckung, dass Teile des Gehirns unterschiedliche Aktivitäten steuern, wurde 1848 durch den Fall des Patienten Phineas Gage gemacht. Bei einem Unfall wurde er durch einen Metallstab verletzt, der seinen Kopf durchbohrte. Wie durch ein Wunder überlebte er und zeigte keinen Verlust von Bewegungen oder Sinneswahrnehmungen. Allerdings hatte er eine völlig veränderte Persönlichkeit. Die Ärzte schlussfolgerten, dass der Teil des Gehirns, den der Stab beschädigt hatte (der Stirnlappen), für den Charakter verantwortlich ist. Diese Ansicht wird auch heute noch vertreten. Wir wissen heute, dass der Stirnlappen für die Entscheidungsfindung, die Planung, das Denken und die Emotionen wichtig ist, die alle dazu beitragen, unsere Persönlichkeit zu formen.

Hinter dem Großhirn, im hintersten Teil des Gehirns, befindet sich das Kleinhirn, eine kleine, runde Struktur, die wie eine Walnuss aussieht und die Koordination von Bewegungen sowie das Gleichgewicht steuert. In der Mitte des Gehirns ist der Hirnstamm aufgehängt, der das Gehirn mit dem Rückenmark verbindet. Der Hirnstamm steuert die grundlegendsten Aktivitäten, die für das Überleben notwendig sind, z.B. Atmung, Verdauung und Herzschlag. Er sendet ständig und schnell elektrische Signale vom Gehirn zum Körper und wieder zurück.

### Bildlegende

*1:* **Gehirn und Rückenmark**
Vom Zentrum des Gehirns geht das Rückenmark aus. Die Rückenmarksnerven verzweigen sich entlang der Wirbelsäule und bilden 31 Nervenpaare, die zur linken und rechten Seite des Körpers verlaufen und Gehirn und Rückenmark mit einem bestimmten Körperbereich verbinden.

*2:* **Gehirn, von vorne gesehen**
Die beiden Gehirnhälften bilden den Hauptteil des Gehirns, das so genannte Großhirn.

*3:* **Gehirn, von oben gesehen**
Die Windungen (*Gyri*) des Gehirns verleihen ihm ein gefurchtes Aussehen. Sie vergrößern die Oberfläche.

*4:* **Querschnitt durch das Gehirn**
*a)* Großhirn (*Cerebrum*): Dieser – größte – Teil des Gehirns ist u.a. für Denken, Lernen, Entscheidungsfindung und Gedächtnis zuständig. Er ist auch an der Sinneswahrnehmung und der Steuerung willkürlicher Bewegungen beteiligt.
*b)* Kleinhirn (*Cerebellum*): Wichtig für Koordination von Bewegungen und Gleichgewicht.
*c)* Hirnstamm (*Truncus cerebri*): Steuert Aktivitäten wie Atmung, Herzschlag und Verdauung.
*d)* Rückenmark (*Medulla spinalis*)

*5:* **Hirnlappen**
Diese Gehirnteile sind nach ihrer Lage benannt:
*a)* Stirnlappen (*Lobus frontalis*)
*b)* Scheitellappen (*Lobus parietalis*)
*c)* Hinterhauptslappen (*Lobus occipitalis*)
*d)* Schläfenlappen (*Lobus temporalis*)

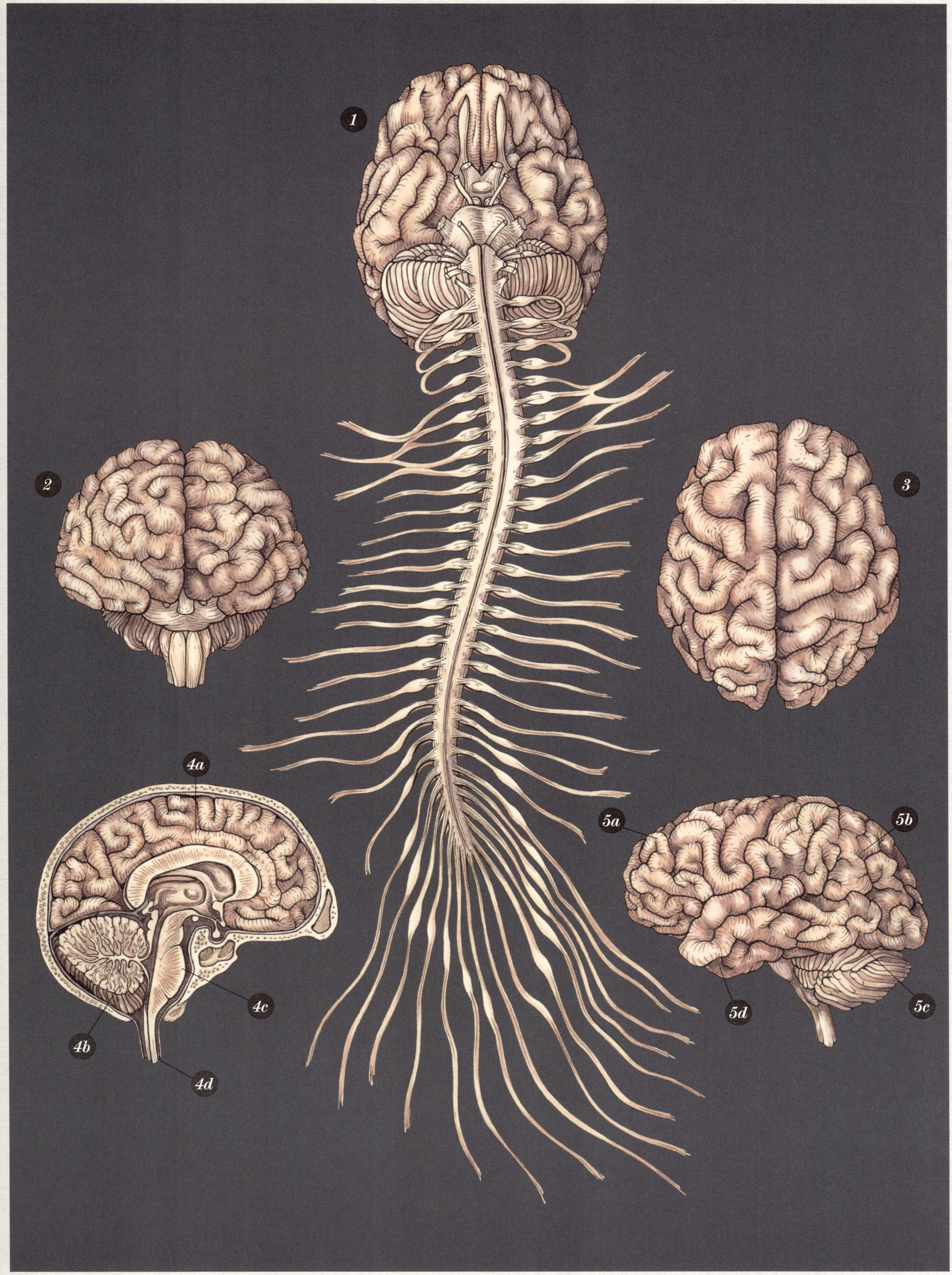
1
2
3
4a
4b
4c
4d
5a
5b
5c
5d

# Das periphere Nervensystem

Einzelne Nerven bestehen aus Bündeln von dünnen Nervenzellen (*Neuronen*), die wie elektrische Drähte durch den Körper verlaufen. Die meisten Neuronen haben eine Hauptfaser, das *Axon*, das elektrische Signale nach außen sendet. Mehrere kleinere Fasern, die *Dendriten*, sammeln die eingehenden Signale von anderen Neuronen. Zwischen den einzelnen Neuronen befinden sich kleine Spalten, die *Synapsen* genannt werden. Elektrische Signale können diese Lücken nicht überbrücken, daher setzen die Axone chemische Transmitter frei, die diesen synaptischen Spalt überspringen. Die Dendriten „fangen das Signal auf" und leiten es über ihr eigenes Axon weiter. Auf diese Weise können Signale mit unglaublicher Geschwindigkeit von Neuron zu Neuron gesendet werden.

Der längste Teil des Neurons, manchmal auch als Nervenfaser bezeichnet, ist das Axon selbst. Axone sind unterschiedlich lang: von weniger als einem Millimeter bis zu mehr als einem Meter. So wie elektrische Drähte eine Kunststoffummantelung benötigen, die verhindert, dass der Strom „entweicht", haben auch Axone eine Isolierschicht, die Myelinscheide. Diese besteht aus einem Fettschlauch, der das Axon vollständig umgibt. Jede Beschädigung dieser *Myelinscheide* beeinträchtigt die Übertragung der Nervenimpulse zwischen dem Gehirn und dem Körper. Das ist z.B. bei Krankheiten wie Multipler Sklerose der Fall.

Der gesamte menschliche Körper enthält etwa 95 bis 100 Milliarden Neuronen. Etwa 80 Prozent davon befinden sich im Gehirn und im Rückenmark (siehe Seite 62), der Rest im peripheren Nervensystem (PNS). Dieses Nervennetz beginnt dort, wo sich das Rückenmark in 31 Paare von Spinalnerven verzweigt, die zur linken und rechten Körperhälfte hin verlaufen. Es spielt eine entscheidende Rolle bei der Kommunikation zwischen dem zentralen Nervensystem und den Sinnesorganen und Muskeln des Körpers. Die Neuronen des PNS sind entweder sensorisch oder motorisch. Sensorische Neuronen leiten Informationen von Sinnesorganen wie den Augen und Ohren an das Gehirn und das Rückenmark weiter, während motorische Neuronen Nachrichten von Gehirn und Rückenmark an die Muskeln und Drüsen senden.

Das PNS wird weiter unterteilt in somatische (willkürliche) Neuronen, die das Skelett bewegen, und autonome (unwillkürliche) Neuronen, die Körperfunktionen wie die Atmung steuern, ohne dass wir je darüber nachdenken müssen.

## Bildlegende

*1:* **Reflexbogen**
Nähert sich deine Hand einer Kerze, senden Schmerzsensoren eine Nachricht an das Rückenmark. Das Rückenmark verarbeitet die Gefahr, ohne Signale an das Gehirn zu schicken, und sendet motorische Signale, die der Hand befehlen, sich von der Flamme zu entfernen. Reflexe ermöglichen eine sofortige Reaktion des Körpers bei Gefahr.

*2:* **Anatomie eines Spinalnervs**
*a)* Axon: Der zentrale Teil eines Nervs, durch den elektrische Signale gesendet werden.
*b)* Myelinscheide: Fettschicht, die als Isolierung für das Axon dient.
*c)* Nervenfaszikel: Bezeichnung für ein Bündel von Nervenfasern.
*d)* Perineurium: Hülle um die Faszikel.
*e)* Blutgefäße

*3:* **Nahansicht einer Nervenzelle (*Neuron*)**
*a)* Zellkörper
*b)* Dendrit
*c)* Axon
*d)* Myelinscheide
*e)* Nervenende

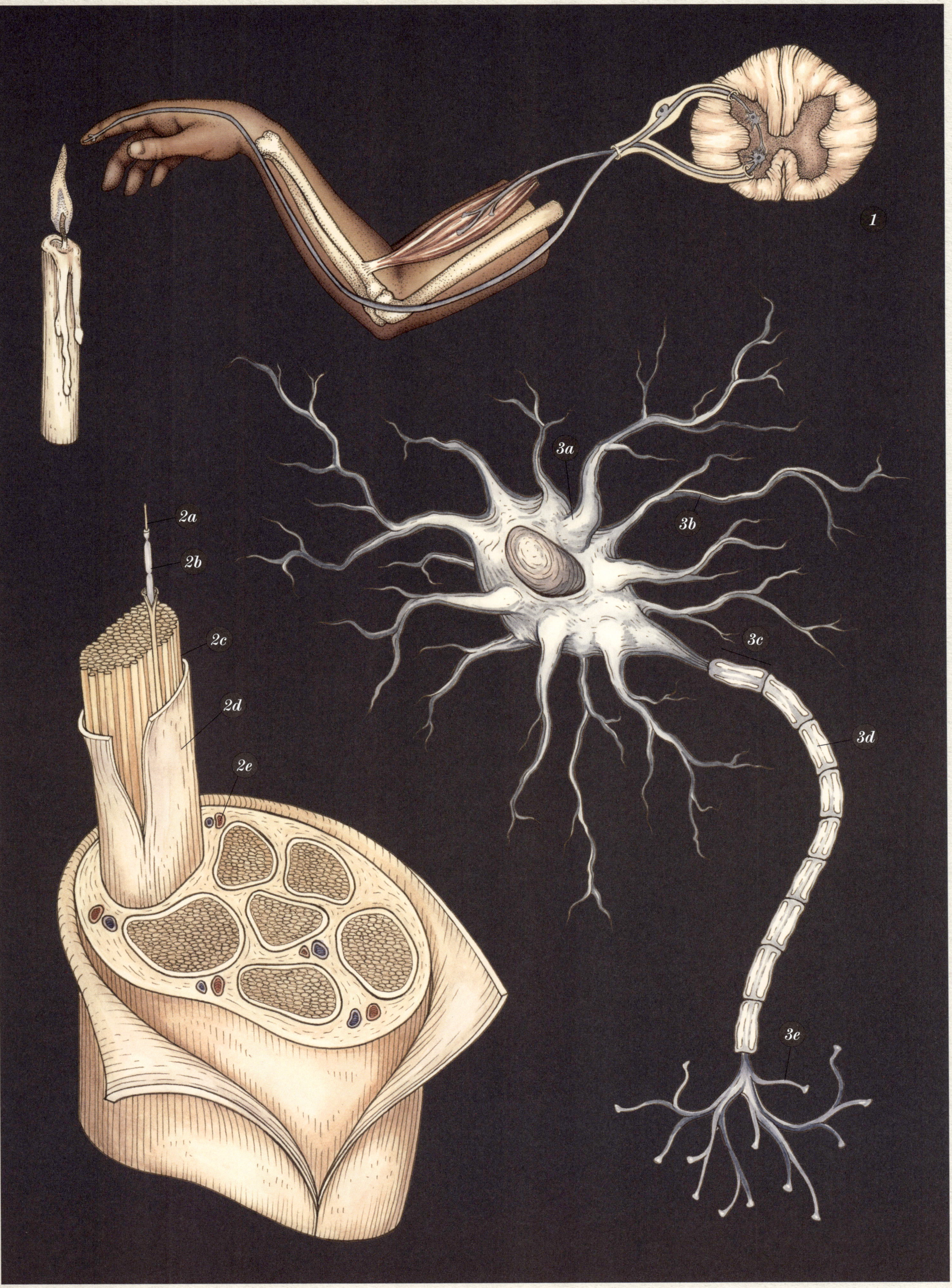
1
2a
2b
2c
2d
2e
3a
3b
3c
3d
3e

# Die Augen

Die Augen sind zwei kugelförmige Organe, die im Schädel in je einer Augenhöhle (*Orbita*) sitzen. Jeder Augapfel hat etwa die Größe eines Tischtennisballs. Seine Aufgabe ist es, Licht einzufangen und diese Information in elektrische Signale umzuwandeln, die das Gehirn zu Bildern verarbeiten kann.

Das Licht tritt durch die Pupille, ein kleines Loch in der Mitte des Auges, ein. Das Loch ist nach außen von einem durchsichtigen Schutzschild, der Hornhaut (*Cornea*), bedeckt. Sie schützt nicht nur die Oberfläche des Augapfels, sondern bündelt gleichzeitig das einfallende Licht. Da die Hornhaut so durchsichtig sein muss wie eine saubere Glasscheibe, wird sie nicht durchblutet. Stattdessen hält ein dünner Tränenfilm die Augen feucht und versorgt sie mit Nährstoffen.

Umrandet ist die Pupille von der Iris: einem Ring aus pigmentiertem (farbigem) Muskelgewebe, der den Augen ihre Farbe verleiht und die Größe der Pupille reguliert. Fällt helles Licht in die Pupille, bewegen sich die Muskeln der Iris automatisch. Sie verkleinern die Pupille stark und verringern so die Lichtmenge, die durchgelassen wird. Bei schwachem Licht vergrößert sich die Pupille, damit mehr Licht eintreten kann. Nachdem das Licht in das Auge gefallen ist, wird es durch die Linse geleitet: eine kleine durchsichtige Struktur, die das Licht bricht und gebündelt auf den hinteren Teil des Augapfels wirft. Winzige Muskeln auf beiden Seiten der Linse passen ihre Form der Situation an. Sie wölben die Linse stärker, wenn man Objekte in der Nähe ansieht, und flachen sie ab, wenn die Objekte weiter entfernt sind. Verlieren diese Muskeln ihre Kraft, ist eine Brille erforderlich, damit das Auge das Licht fokussieren kann und Objekte nicht verschwommen erscheinen.

Der hintere Teil des Auges, die so genannte Netzhaut, ist mit vielen Millionen von lichtempfindlichen Sinneszellen ausgekleidet. Sie übersetzen Lichtbotschaften in elektrische Signale, die das Gehirn verwerten kann. Etwa sieben Millionen dieser Zellen gehören zur Gruppe der Zapfen, die Farben erkennen, aber bei schwachem Licht nicht gut funktionieren. Die anderen etwa 100 Millionen Zellen werden als Stäbchen bezeichnet. Stäbchen sind wesentlich lichtempfindlicher und funktionieren daher auch bei wenig Licht, erkennen aber keine Farben. Aus diesem Grund sehen wir in der Nacht schwarz-weiß, nicht farbig. Sobald die Stäbchen und Zapfen die Informationen erhalten haben, werden sie über den Sehnerv am hinteren Teil jedes Auges an das Gehirn weitergeleitet. Es ist unglaublich, dass dieser ganze Prozess in einem Bruchteil einer Sekunde abläuft. Man nimmt an, dass das menschliche Auge fast 1000 Bilder pro Sekunde verarbeiten kann.

## Bildlegende

**1: Die Netzhaut (*Retina*)**
Blutgefäße bedecken den Augenhintergrund rund um eine kleine Vertiefung (*Fovea*), in der die Zapfen dicht gepackt sind und die Lichtstrahlen fokussiert werden. Hinten sitzt auch der Sehnerv, der Auge und Gehirn verbindet.

**2: Die Augenmuskeln**
*a)* von vorne
*b)* von der Seite
An der Außenseite jedes Auges sitzen drei paarig angelegte Skelettmuskeln. Mit ihnen können wir die Augen bewegen, z.B. rollen. Ihre Bewegungen können wir steuern, aber rechtes und linkes Auge bewegen sich immer unwillkürlich zusammen.

**3: Iris und Pupille**
Die Iris ist der Ring aus pigmentiertem Gewebe rund um die Pupille. Die Pupille ist ein Loch in der Mitte der Iris. Hier tritt Licht in das Auge ein, um zur Netzhaut zu gelangen.

**4: Das Innere des Augapfels**
*a)* Hornhaut (*Cornea*): Die klare, äußere Hülle des Augapfels.
*b)* Iris: Der pigmentierte Gewebering
*c)* Pupille: Hier fällt Licht ins Auge.
*d)* Linse: Hier wird das Licht fokussiert. Ihre Form kann durch Muskeln auf beiden Linsenseiten verändert werden.
*e)* Glaskörper: Durchsichtige, gelartige Substanz, die den Augapfel ausfüllt.
*f)* Netzhaut: Sensorische Schicht auf der Rückseite des Augapfels.
*g)* Sehnerv: Leitet die sensorischen Informationen vom Auge zum Gehirn.

**5: Tränenproduktion**
*a)* Tränendrüse
*b)* Tränenkanal
Wimpern, Augenlider und Tränenproduktion schützen die Augen vor Schäden. Die Tränen halten die Oberfläche des Auges feucht und können es ausspülen. Deshalb tränen die Augen, wenn sie gereizt werden. Überschüssige Tränen treten aus dem Auge aus oder fließen über die Tränengänge in die Nase. Deshalb läuft die Nase beim Weinen.

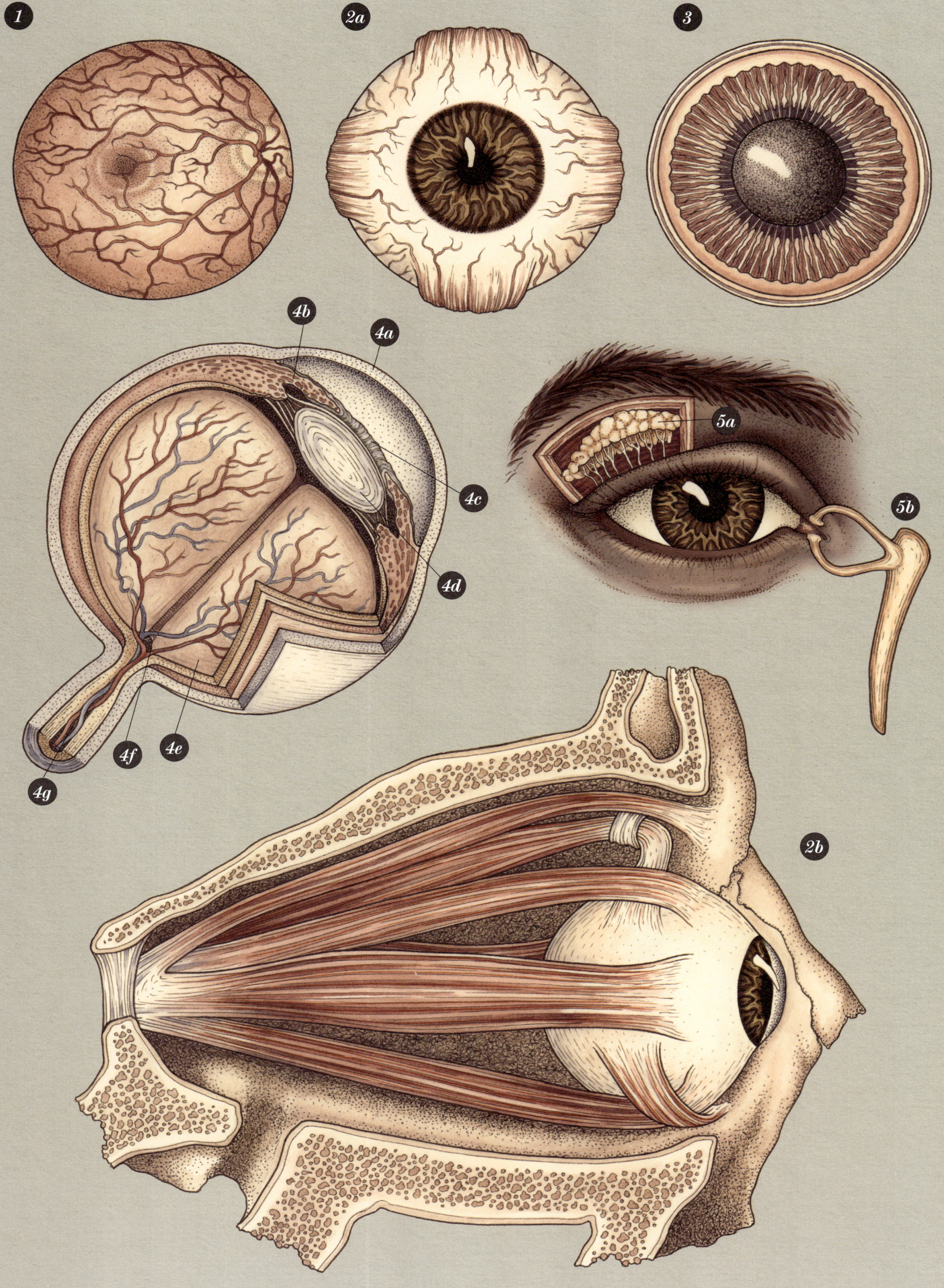
1
2a
3
4b
4a
5a
4c
5b
4d
4f
4e
4g
2b

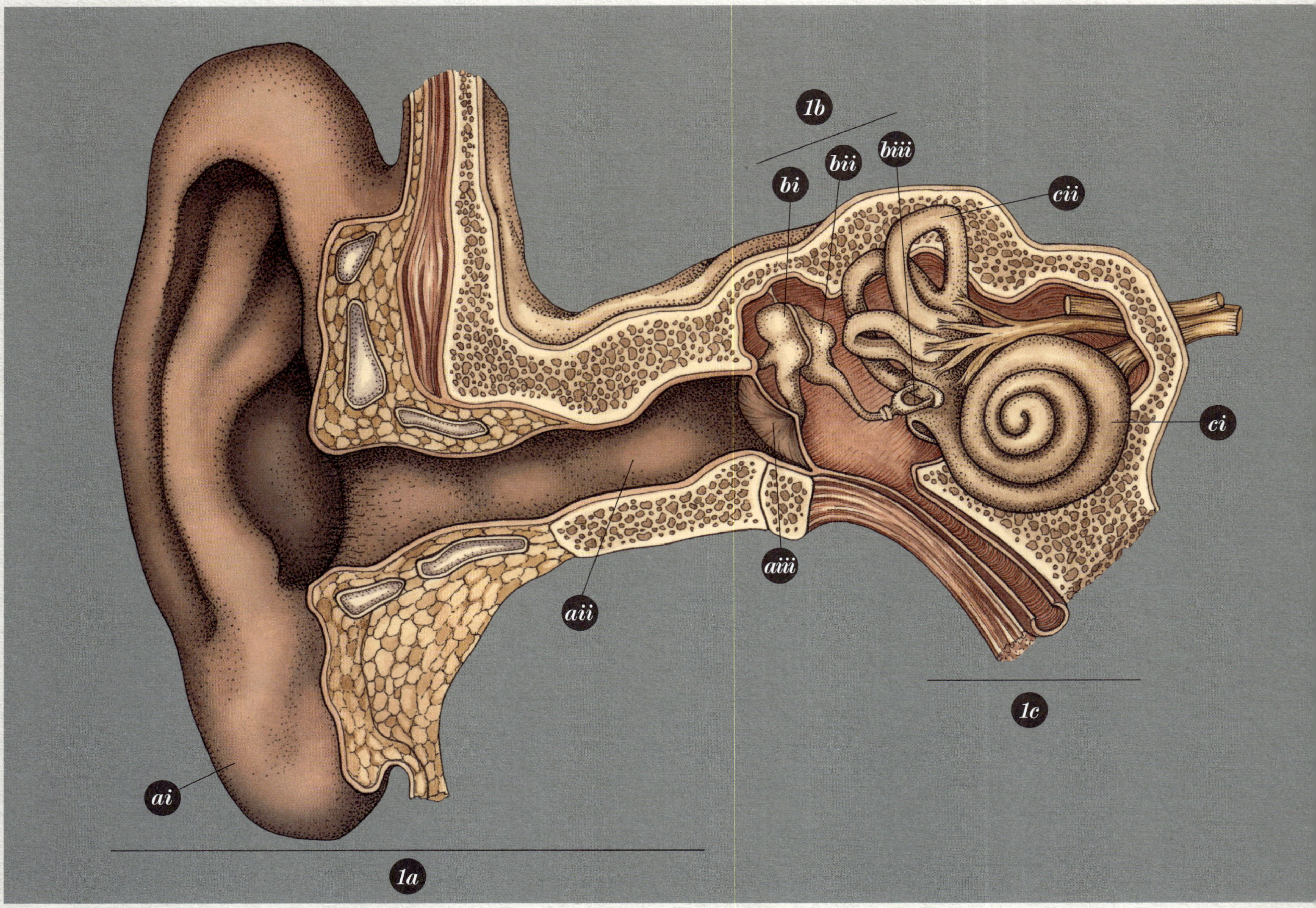


NERVENSYSTEM & SINNESORGANE

# Die Ohren

Die sichtbare Muschel des Ohrs ist nur der äußere Teil eines komplizierten Organs, das sich bis tief in unseren Kopf hinein erstreckt. Es ist in Außenohr, Mittelohr und Innenohr unterteilt. Die Aufgabe des Außenohrs besteht darin, Geräusche einzufangen. Das Mittelohr setzt Geräusche in Schwingungen um. Das Innenohr wandelt diese wiederum in Nervensignale um, die das Gehirn verarbeiten kann. Das äußere Ohr besteht aus biegsamem Material, dem elastischen Knorpel. Seine Form ist günstig für das Einfangen von Umgebungsgeräuschen. Von dort gelangen sie in den Gehörgang. Dieser 2,5 Zentimeter lange Durchgang führt von der Öffnung an der Schädeloberfläche zum Trommelfell, einer Membran, die vibriert, wenn Schallwellen sie erreichen. Das Trommelfell fungiert auch als Barriere, die verhindert, dass Fremdkörper in die tieferen Teile des Ohrs eindringen.

Auf der anderen Seite des Trommelfells liegt das Mittelohr, ein luftgefüllter Raum, der drei winzige, aber äußerst wichtige Knochen enthält: die Gehörknöchelchen. Diese Knochen namens Hammer, Amboss und Steigbügel verbinden das Trommelfell mit einem Teil des Innenohrs, der Gehörgangsschnecke (Cochlea). Dieses schneckenhausähnliche Gebilde ist eine eng gewundene Röhre von der Größe einer Erbse, die mit Flüssigkeit und Tausenden von winzigen Härchen gefüllt ist. Wenn Schallwellen das Trommelfell in Schwingung versetzen, wird die Bewegung über die Gehörknöchelchen an die Gehörgangsschnecke weitergeleitet. Die Flüssigkeit und die Härchen in ihr bewegen sich und erzeugen elektrische Impulse, die an das Gehirn gesendet und als Töne entschlüsselt werden. Manchmal werden die winzigen Härchen durch sehr laute

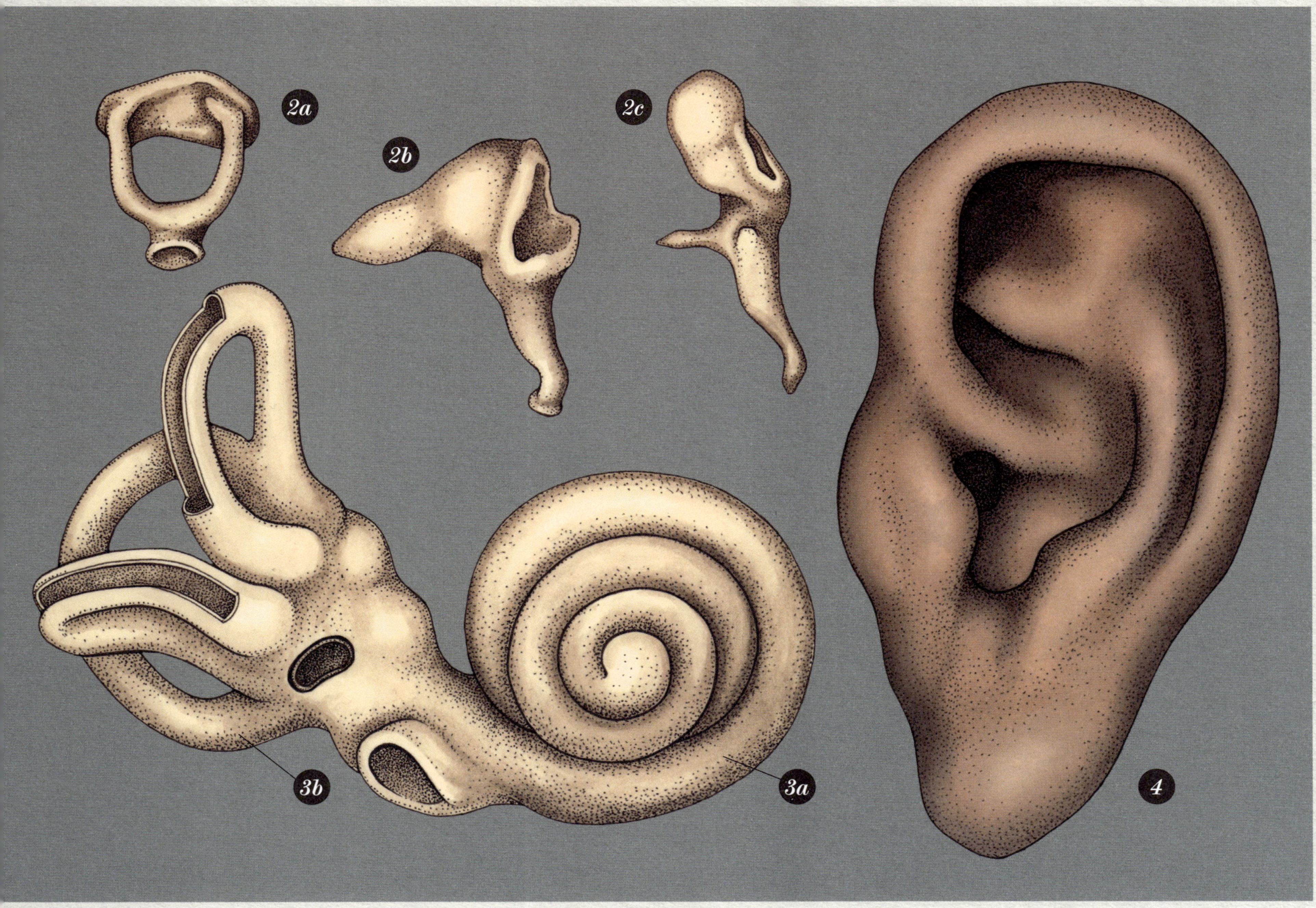


Geräusche beschädigt oder ihr Zustand verschlechtert sich im Laufe der Zeit. Aus diesem Grund haben ältere Menschen häufig Probleme mit ihrem Gehör.

Neben ihrer Funktion als Hörorgan sind die Ohren auch für unseren Gleichgewichtssinn von Bedeutung. Im Innenohr befinden sich drei dünne, bogenförmige Röhren, die Bogengänge. Sie liegen neben der Gehörgangsschnecke und sind ebenfalls mit Flüssigkeit und winzigen Härchen gefüllt. Die Flüssigkeit und die Härchen bewegen sich bei jeder Veränderung der Kopfhaltung und teilen dem Gehirn mit, in welcher Ausrichtung wir uns befinden. So kann das Gehirn schnell auf Veränderungen der Position reagieren und verhindern, dass wir umfallen. Schwindel tritt dann auf, wenn sich die Flüssigkeit in den Bogengängen weiter bewegt, obwohl wir still stehen.

### *Bildlegende*

*1:* **Ohr**
*a)* Außenohr: Die Ohrmuschel *(i)* mündet in den Gehörgang *(ii)*. Am Ende des Gehörgangs liegt das Trommelfell *(iii)*.
*b)* Mittelohr: Die drei kleinsten Knochen des Körpers, Hammer *(i)*, Amboss *(ii)* und Steigbügel *(iii)*, leiten die Schwingungen des Trommelfells an das Innenohr weiter.
*c)* Innenohr: Die Gehörgangsschnecke *(i)* und die Bogengänge *(ii)* wandeln die Schwingungen der Schallwellen in elektrische Signale um, die das Gehirn entschlüsseln kann.

*2:* **Gehörknöchelchen (*Ossicula auditus*)**
*a)* Steigbügel (*Stapes*)
*b)* Amboss (*Incus*)
*c)* Hammer (*Malleus*)

*3:* **Innenohr**
*a)* Gehörgangsschnecke (*Cochlea*)
*b)* Bogengänge

*4:* **Ohrmuschel (Außenohr)**
Das äußere Ohr dient lediglich als Trichter, durch den der Schall in das Mittelohr gelangt. Die Form der Ohrmuschel ist einzigartig. Man nimmt an, dass das Muster der Ohren so unverwechselbar ist wie ein Fingerabdruck. Außerdem gehören Ohrmuscheln zu den wenigen Körperteilen, die auch im Erwachsenenalter noch wachsen, insbesondere bei Männern.

# Nase und Zunge

Unser Geruchs- und Geschmackssinn kann eine erstaunliche Anzahl von Substanzen wahrnehmen und erkennen. Sie regen unseren Appetit an oder wecken Erinnerungen an lang Zurückliegendes. Sie können uns auch vor potenziellen Gefahren warnen, zum Beispiel vor giftigen Chemikalien oder verdorbenen Lebensmitteln. Für uns moderne Menschen sind diese Sinne nicht mehr so überlebenswichtig wie für unsere Vorfahren. Doch unter den Lebensbedingungen der Vergangenheit hatten sie eine größere Bedeutung. Der durch ekelerregenden Geruch oder Geschmack hervorgerufene Widerwille trug dazu bei, den Körper vor lebensbedrohlichen Infektionen zu schützen, die in Fäkalien, schmutzigem Wasser oder bakterienverseuchten Lebensmitteln lauerten und früher zum Alltag gehörten.

Man geht davon aus, dass Menschen Milliarden verschiedene Gerüche wahrnehmen können. Der Geruchssinn ist bei der Geburt am empfindlichsten und hilft Neugeborenen, ihre Mutter zu erkennen. Über den Geruchssinn nehmen wir Geruchsmoleküle wahr, die in der Luft um uns herum schweben. Wenn wir atmen, dringen sie in die Nasenlöcher ein und gelangen in die Nasenhöhle: ein großer Raum hinter der äußeren Nase. Das Dach der Nasenhöhle enthält Millionen von Rezeptorzellen, die Gerüche erkennen und den „Geruch" in einen elektrischen Impuls umwandeln. Dieses Signal wird über den Geruchsnerv an das Gehirn weitergeleitet.

Obwohl unser Geruchssinn 10 000 Mal stärker sein soll als unser Geschmackssinn, sind die beiden eng miteinander verbunden. Lebensmittel schmecken anders, wenn unser Geruchssinn beeinträchtigt ist. Vielleicht hast du das schon einmal erlebt, wenn du während einer starken Erkältung gegessen oder dir beim Kauen die Nase zugehalten hast.

Tausende von Geschmacksknospen genannten Sensoren befinden sich auf der Oberseite der Zunge, auf kleinen Höckern, den Papillen. Die Geschmacksknospen erkennen chemische Stoffe in der Nahrung und senden Nachrichten an das Gehirn. Viele Jahre lang ging man davon aus, dass wir vier grundlegende Geschmacksrichtungen von Lebensmitteln wahrnehmen können: süß, sauer, salzig und bitter. In jüngster Zeit kam eine fünfte Geschmackskategorie hinzu, die als *umami* bezeichnet wird. Das heißt in der japanischen Sprache so viel wie „wohlschmeckend".

### Bildlegende

*1:* **Nase**

*a)* Äußere Nase: Die größtenteils aus Knorpel bestehende äußere Nase ist der Ort, an dem Geruchsmoleküle durch die Nasenlöcher in die Nasenhöhle gelangen *(i)*.

*b)* Nasenhöhle: Dieser Raum im Inneren des Schädels beherbergt die Geruchsnerven *(i)*. Sie nehmen Geruchsmoleküle wahr und leiten den Sinnesimpuls an das Gehirn weiter.

*2:* **Zunge**

Die Zunge befindet sich in der Mundhöhle und besteht aus mehreren Muskeln. Mehrere Tausend Geschmacksknospen (Papillen) bedecken die Oberseite der Zunge und sind für die Wahrnehmung einer der fünf verschiedenen Kategorien von Geschmacksempfindungen zuständig: süß, salzig, sauer, bitter und umami.

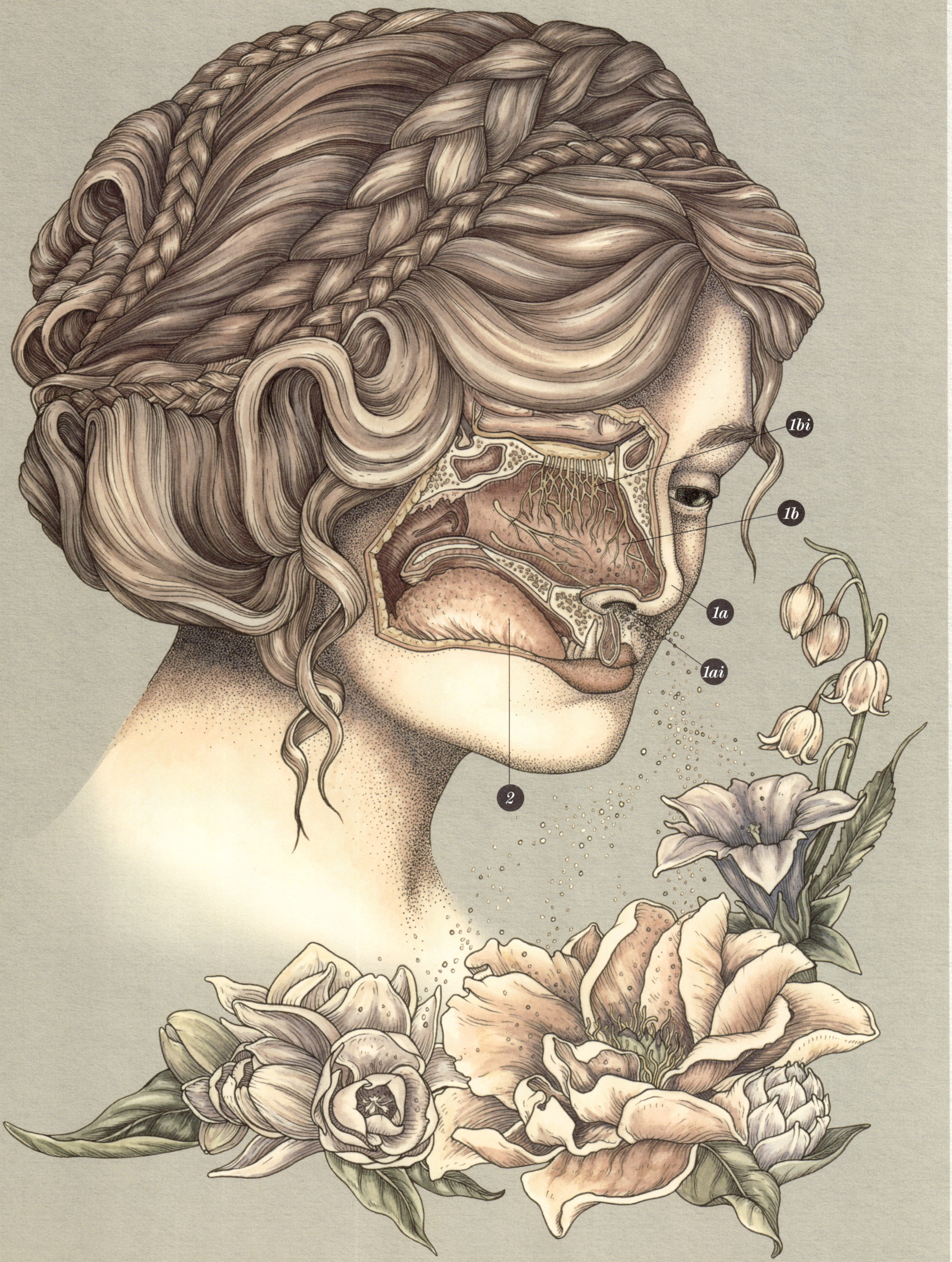
1bi
1b
1a
1ai
2

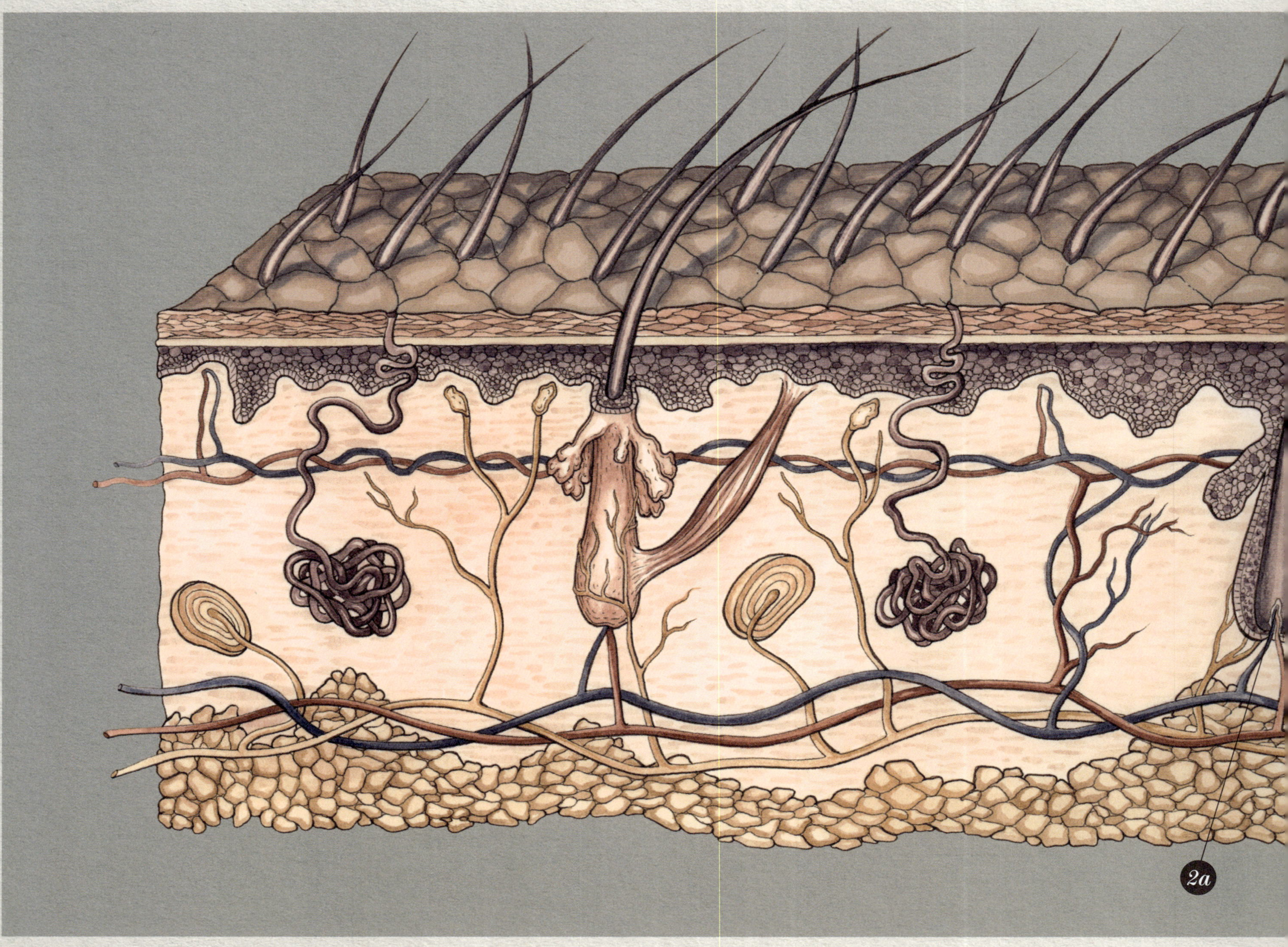




# Die Haut

Neben Sehen, Hören, Riechen und Schmecken ist Tasten ein wichtiger Sinn, der uns viele verschiedene Empfindungen ermöglicht. Winzige Tastsensoren befinden sich tief in der Haut. Die Haut bildet zusammen mit Strukturen wie Haaren und Nägeln eine flexible Barriere zwischen uns und der Außenwelt, die Körperhülle oder Integument genannt wird.

Die Haut ist nicht nur das sichtbarste Organ des Körpers, sondern gilt auch als das größte – sowohl dem Gewicht als auch der Fläche nach. In der frühen Anatomie wurde sie oft ignoriert, es bestand nur an den darunter liegenden Organen und Geweben Interesse. Mit dem Fortschreiten wissenschaftlicher Erkenntnisse und der Erfindung von Instrumenten wie dem Mikroskop wurde die Haut mit ihren vielen wichtigen Aufgaben jedoch genauer erforscht.

Die Haut besteht aus verschiedenen Schichten. Die oberste Schicht, die Oberhaut (*Epidermis*) besteht aus mehreren Lagen von Hautzellen, die eine schützende, wasserdichte Hülle um den Körper bilden. Die Hautzellen in der Epidermis sind ständig in Bewegung, wachsen, vermehren sich und rücken wie auf einem Fließband immer näher an die Hautoberfläche. Tatsächlich sind die obersten Zellen bereits abgestorben, und jeden Tag fallen Millionen von ihnen ab. Andere Zellen in der Epidermis produzieren Melanin, eine schützende Substanz, die die Haut vor schädlichen Sonnenstrahlen abschirmt. Wenn der Körper direktem Sonnenlicht ausgesetzt ist, kann die Haut zusätzliches Melanin zur Abwehr produzieren, wodurch sie dunkler

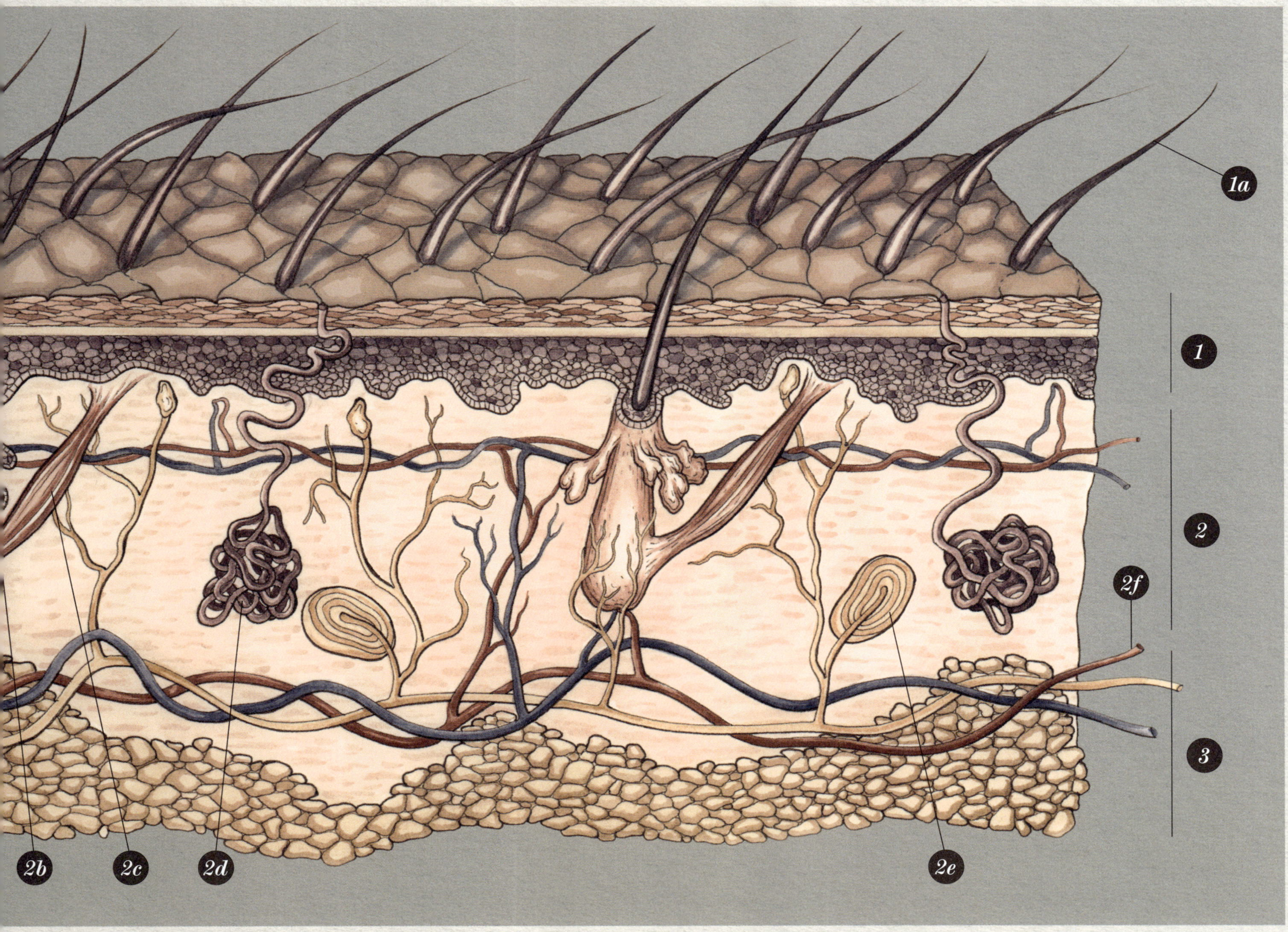


wird. Unter der Epidermis liegt die Lederhaut (*Dermis*), eine dickere Schicht, die aus starken und dehnbaren Proteinen besteht. Sie enthält Haare und Schweißdrüsen und beherbergt Millionen von Nervenenden – die Sinnesrezeptoren, die uns unseren Tastsinn geben. Sie befinden sich am ganzen Körper, sind aber in manchen Regionen wie dem Gesicht und den Fingerspitzen stärker konzentriert.

Sinnesrezeptoren sprechen je nach Typ auf unterschiedliche Arten von Reizen an. Mechanorezeptoren reagieren auf mechanische Reize wie Druck oder Vibrationen. Thermorezeptoren auf Temperaturen wie Hitze oder Kälte und Nozizeptoren auf Schmerz. Schließlich gibt es noch die Propriozeptoren. Sie helfen uns, die Position unseres Körpers zu bestimmen und so unsere Bewegungen zu koordinieren. Der Tastsinn ist für unsere Sicherheit von entscheidender Bedeutung: ohne ihn wären wir nicht in der Lage, beim Gehen den Boden unter den Füßen zu spüren, Gegenstände zu halten und zu kontrollieren oder Schmerzen zu empfinden. Vor allem der Schmerz ist wichtig, um uns vor Schaden zu bewahren, da er den Körper auf Gefahren aufmerksam macht.

### Bildlegende

*1:* **Oberhaut (*Epidermis*)**
Oberste Hautschicht, die aus mehreren Schichten von Hautzellen besteht.
*a)* Haarschaft

*2:* **Lederhaut (*Dermis*)**
*a)* Haarwurzel
*b)* Talgdrüse
*c)* Haarbalgmuskel (*M. arrector pili*): Er zieht die Haare nach oben und erzeugt Gänsehaut.
*d)* Schweißdrüse
*e)* Sinnesrezeptor
*f)* Blutgefäße

*3:* **Unterhaut (*Hypodermis*)**
Die darunter liegende Fettschicht

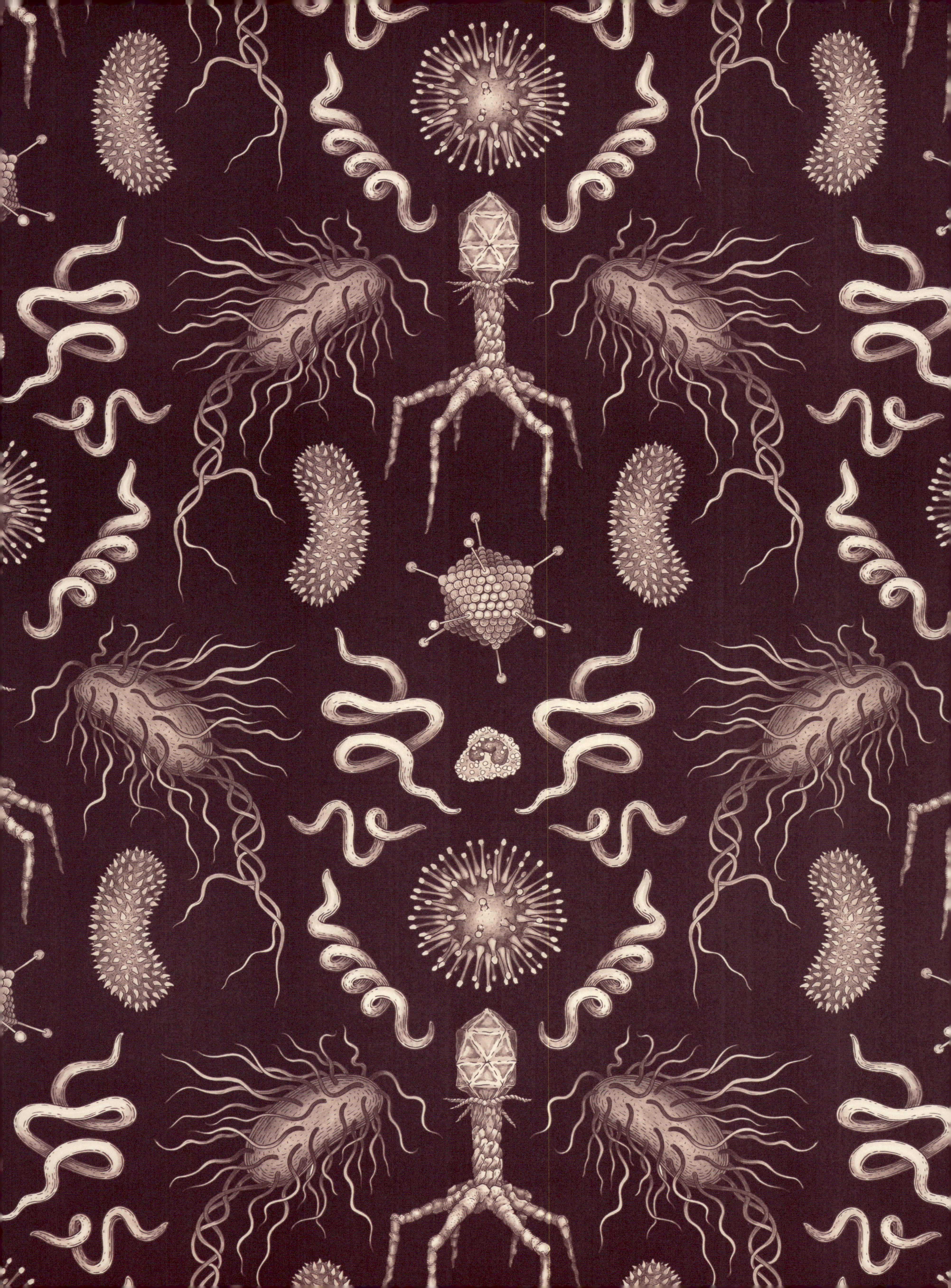

*Saal 5*

# Das Immun- und Lymphsystem

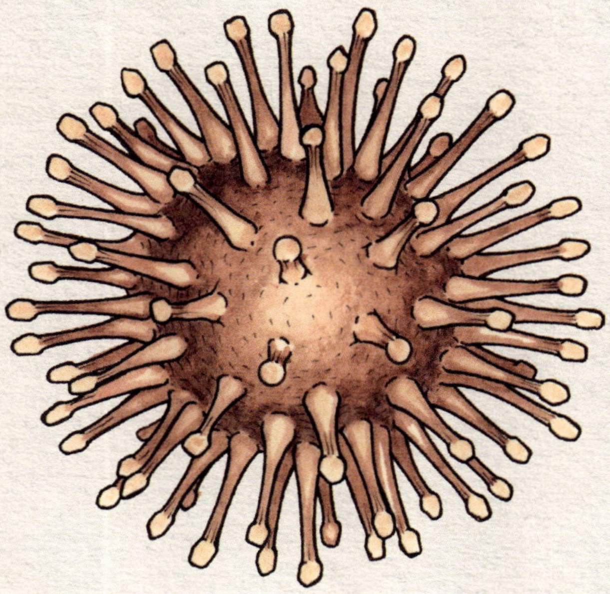

*Das Immun- und Lymphsystem*

*Krankheit und Abwehr*

# Das Immun- und Lymphsystems

Stell dir eine Armee vor, die bereit ist, deinen Körper gegen die Millionen gefährlicher Keime zu verteidigen, denen du jeden Tag begegnest. Das ist das Immunsystem, die wichtigste Schutzvorrichtung des Körpers. Zusammen mit dem Lymphsystem befindet es sich in einem ständigen Abwehrkampf gegen Krankheiten.

Das Immunsystem ist eine Gruppe von Organen, Geweben und Zellen, die den Körper vor schädlichen Bakterien oder fremden Stoffen schützen sollen. Ein wichtiger Zelltyp des Immunsystems ist das weiße Blutkörperchen, das auch als Leukozyte bezeichnet wird. Leukozyten befinden sich im Blut (siehe Seite 32) und in den so genannten lymphatischen Organen, in Gewebebereichen, die für Krankheitsbekämpfung zuständig sind. Dazu gehören der Thymus, die Milz, die Mandeln und die Lymphknoten. Das größte Organ des Immunsystems ist die Milz. Sie filtert das Blut und entfernt alte oder beschädigte Blutzellen aus dem Kreislauf. Außerdem bildet sie Leukozyten, die Antikörper produzieren, um Bakterien und Viren zu bekämpfen (siehe Seite 78).

Das Lymphsystem besteht aus einem ausgedehnten Netz kleiner Gefäße, die durch den ganzen Körper verlaufen, und aus Lymphknoten, kleinen Organen aus Immungewebe, die sich u.a. am Hals, in den Achselhöhlen und in der Leiste befinden. Die Lymphknoten wirken wie winzige Siebe, die Fremdstoffe aus dem Körper herausfiltern: Sie schwellen an, wenn sie Eindringlinge abgefangen haben und eine Infektion bekämpfen. Als Teil des Immunsystems hilft das Lymphsystem, Krankheiten zu bekämpfen. Zudem nimmt es überschüssige Flüssigkeit im Körper auf.

Lymphe ist eine wässrige Substanz. Sie stammt aus Flüssigkeit, die aus den Körperzellen gepresst wird. Das Ansammeln dieser Flüssigkeit würde sonst dazu führen, dass Teile des Körpers anschwellen. Deshalb saugt das Lymphsystem überschüssige Flüssigkeit durch winzige, dünnwandige Lymphgefäße ab, die die Blutkapillaren umgeben. Die Lymphe wandert im Körper durch ein Netz von Lymphgefäßen und wird auf ihrem Weg gereinigt, bevor sie schließlich in die großen herznahen Venen entleert wird. Hier vermischt sich die Lymphe mit dem Blut und wird dann durch den Körper gepumpt.

## Bildlegende

*1:* **Mandeln**
Drei Gruppen von Mandeln (Lymphgewebe) im Halsbereich helfen bei der Bekämpfung von Infektionen. Sie schwellen bei einer Mandelentzündung an.

*2:* **Lymphknoten (hier in der Achselhöhle)**
Kleine Ansammlungen von lymphatischem Gewebe u.a. in der Achselhöhle, im Nacken und in der Leistengegend. Sie schwellen bei Infektabwehr oft an.

*3:* **Thymus**
Der Thymus ist eine Drüse, die zwischen Brustbein und Lunge liegt. Hier reifen spezielle Abwehrzellen heran: die T-Lymphozyten (siehe Seite 78). Die Thymusdrüse ist bis zum Teenageralter am aktivsten, dann beginnt sie zu schrumpfen und wird durch Fett ersetzt.

*4:* **Brustlymphgang (*Ductus thoracicus*)**
Das größte Lymphgefäß im Körper. Es transportiert die Lymphe aus dem übrigen Körper zu den herznahen Venen, wo sie wieder in den Blutkreislauf gelangt.

*5:* **Milz (Lien)**
Ein weiches, dunkelrotes Organ in Quallenform. Die Milz speichert Blut, filtert es und stellt weiße Blutkörperchen her.

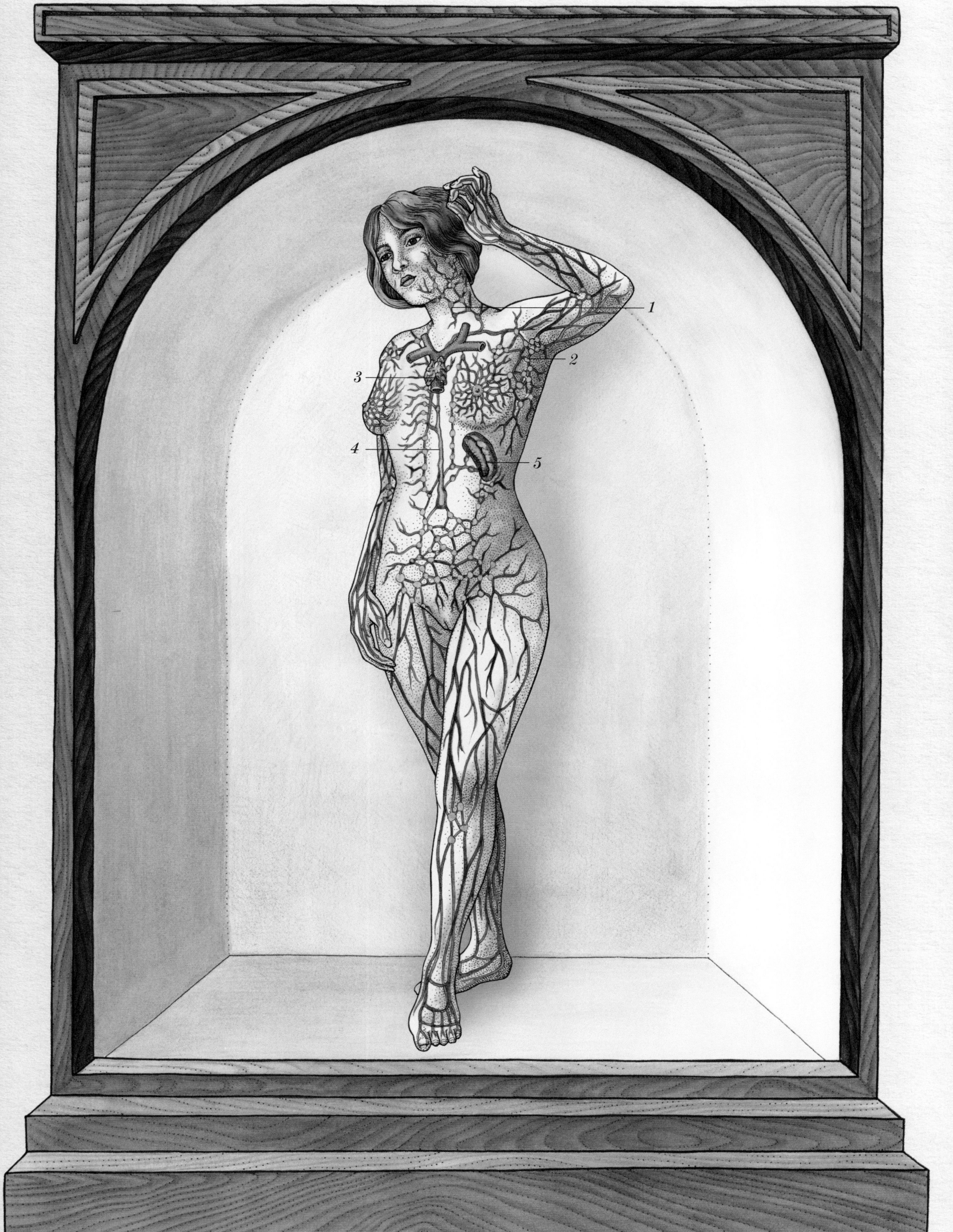
1
2
3
4
5

# Krankheit und Abwehr

Mikroben, oder Mikroorganismen, sind winzige Lebewesen. Sie sind so klein, dass wir sie mit bloßem Auge nicht sehen können. Zu ihnen gehören Bakterien, Viren, mikroskopisch kleine Tiere sowie Pilze. Auch der menschliche Körper ist voller Mikroben. Viele von ihnen sind bei Prozessen wie der Verdauung wichtig. Einige Arten von Mikroben sind jedoch gefährlich für unseren Körper und können uns krank machen. Es ist die Aufgabe der weißen Blutkörperchen (*Leukozyten*), diese schädlichen Bakterien aufzuspüren und sie schnell zu beseitigen.

Es gibt verschiedene Arten von Leukozyten, die jeweils unterschiedliche Aufgaben haben. Makrophagen (Fresszellen) sind sehr große Zellen, die Fremdkörper unschädlich machen, indem sie sie aufnehmen. Eine besonders clevere Variante sind Lymphozyten, von denen es zwei Typen gibt: T-Zellen und B-Zellen. T-Zellen suchen nach Keimen, die Krankheiten verursachen könnten, oder nach veränderten Zellen, die das Potenzial haben, Krankheiten wie Krebs zu bilden. B-Zellen hingegen produzieren ein Protein, das als Antikörper bezeichnet wird und sich wie eine Fahne an den schädlichen Keimen festsetzt, um anderen weißen Blutkörperchen zu signalisieren, dass dieser Eindringling vernichtet werden muss. Je mehr Antikörper produziert werden, desto besser kann der Eindringling bekämpft werden, da die Leukozyten die Bedrohung leichter finden und vernichten können. Sobald Antikörper gebildet wurden, erinnert sich das Immunsystem daran, wie es den Eindringling in Zukunft bekämpfen kann. Dies wird als Immunität bezeichnet. Der Körper kann eine Immunität auch durch Impfungen oder Immunisierungen aufbauen. Viele schwere Krankheiten wie Kinderlähmung und Pocken konnten dank der Impfungen ausgerottet werden.

Im Gegensatz zu den roten Blutkörperchen, die eine Lebensdauer von etwa 120 Tagen haben, halten die weißen Blutkörperchen nur etwa drei Tage, weshalb sie ständig im Knochenmark (siehe Seite 10) produziert und in das Blut und das Lymphgewebe abgegeben werden. Die Menge der Leukozyten im Körper, die so genannte Leukozytenzahl, ist ein guter Indikator für Krankheiten. Eine niedrige Anzahl weißer Blutkörperchen bedeutet, dass eine Person anfällig für Krankheiten ist, weil die Anzahl der Zellen zur Bekämpfung schädlicher Einflüsse reduziert ist. Eine hohe Anzahl weist hingegen oft auf eine Infektion hin: die weißen Blutkörperchen vermehren sich, um einen Eindringling aufzuspüren und zu vernichten.

## Bildlegende

*1:* **Bakterien**
*a)* Bazillen: Stäbchenförmigen Bakterien (z.B. E. Coli *(i)*) leben im Verdauungstrakt und können einzeln vorkommen oder sich zu Ketten zusammenschließen.
*b)* Kokken: Diese kugelförmigen Bakterien kommen einzeln vor oder schließen sich mit anderen Kokken zusammen, z.B. um Diplokokken *(i)* oder Staphylokokken *(ii)* zu bilden.
*c)* Spirillen: Gedrehte bzw. gekrümmte Form

*2:* **Viren**
*a)* Helikal: Röhrenförmige Viren mit einer dicken äußeren Hülle.
*b)* Polyedrisch: Diese Viren haben komplexe, regelmäßige Strukturen, hier ein Isokaeder mit 20 Flächen. Eine Untergruppe dieses Virustyps sind die kugelförmigen Viren *(i)*.
*c)* Komplex: Diese Viren haben einen helixförmigen Schwanz und einen polyedrischen Kopf. Sie werden Bakteriophagen genannt: eine Klasse von Viren, die nur Bakterien infizieren können.

*3:* **Weiße Blutkörperchen (*Leukozyten*)**
*a)* Neutrophile: Die häufigste Art (etwa 60 %) der menschlichen Leukozyten. Sie zerstören Bakterien und beschädigtes Gewebe.
*b)* Lymphozyten: Sie machen 20–40 % aller Leukozyten aus. B-Lymphozyten stellen Proteine (Antikörper) her, die dabei helfen, die zu zerstörenden Zellen zu identifizieren. T-Lymphozyten greifen fremdes Material im Körper an, z.B. Viren oder Krebszellen.
*c)* Monozyten: Die größten aller Leukozyten verwandeln sich in Makrophagen, die tote Zellen und Bakterien zerstören, indem sie sie „fressen".
*d)* Eosinophile: Diese Zellen helfen allergische Reaktionen zu kontrollieren und zerstören parasitäre Würmer.
*e)* Basophile: Die seltenste Art von Leukozyten ist wichtig für die Bekämpfung von Parasiteninfektionen und die Regulierung allergischer Reaktionen, z.B. auf Pollen oder Insektenstiche.

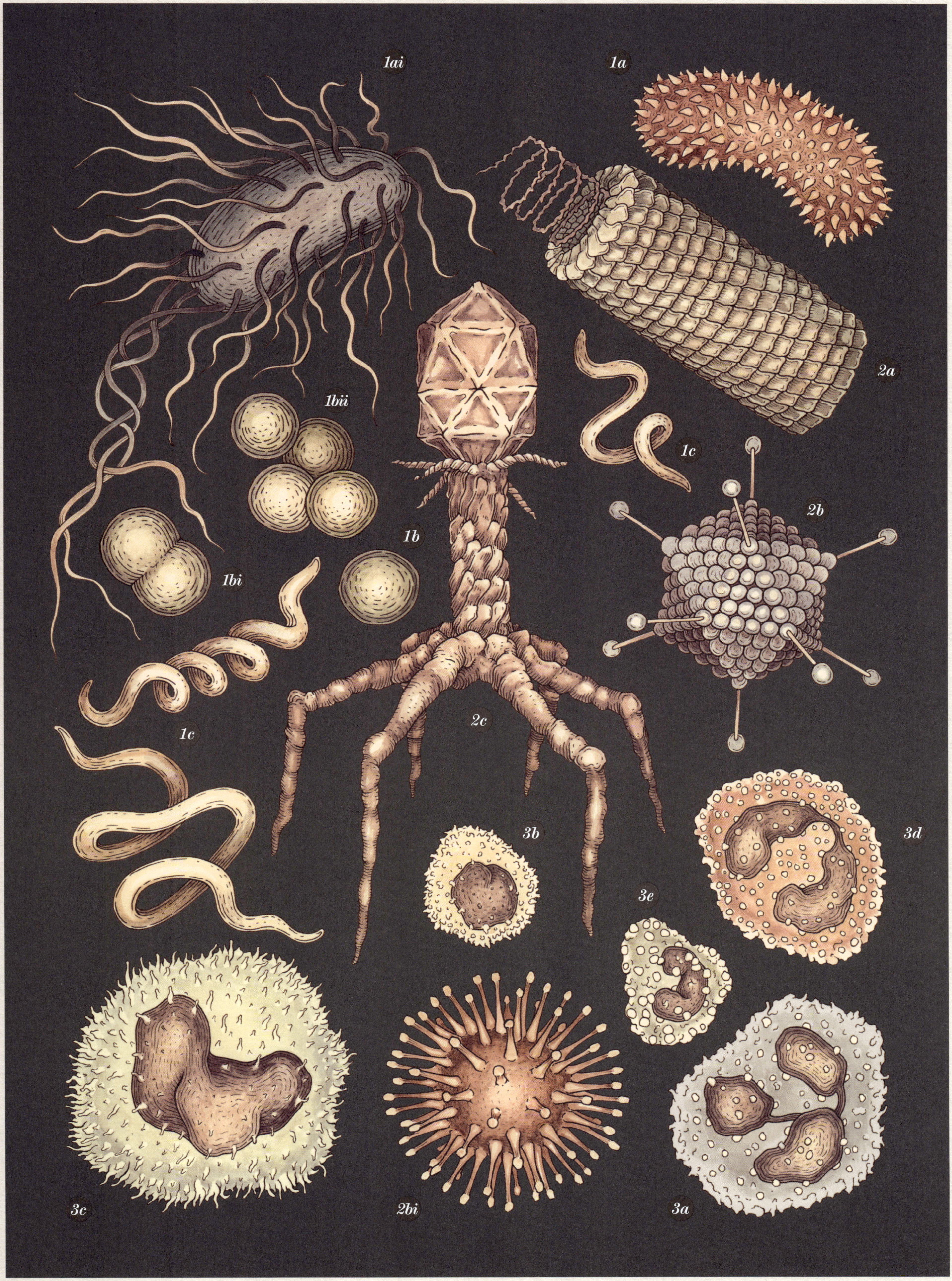
1ai
1a
2a
1bii
1c
2b
1b
1bi
2c
1c
3b
3d
3e
3c
2bi
3a

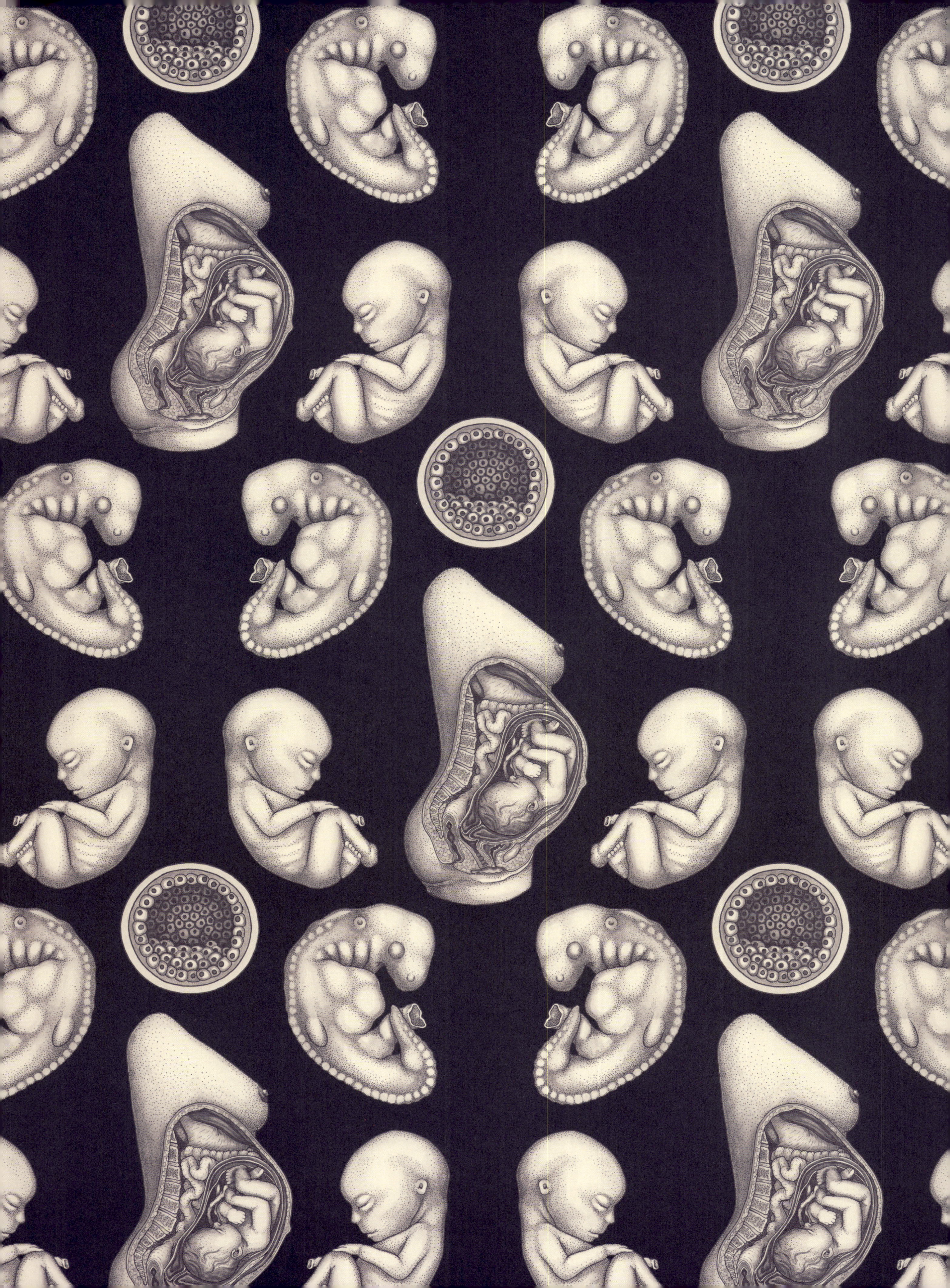

Saal 6

# Das Hormon- und Fortpflanzungssystem

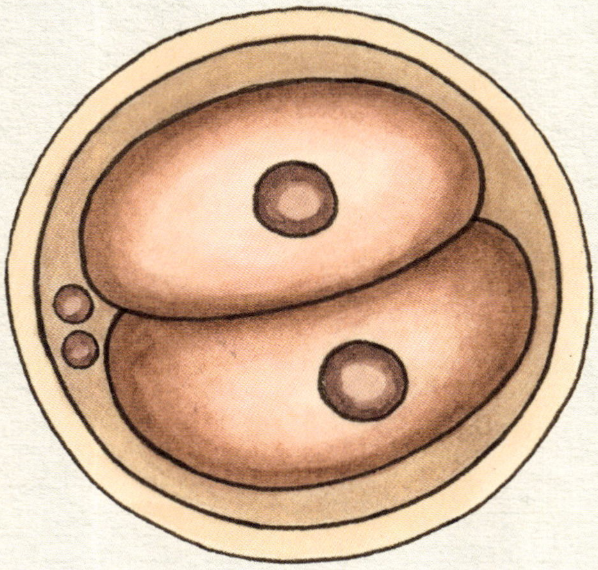

# Das Hormonsystem

Im Blut zirkulieren über 100 verschiedene chemische Botenstoffe, die Anweisungen an verschiedene Teile des Körpers übermitteln. Diese Botenstoffe werden Hormone genannt. Sie steuern unser Wachstum, unseren Schlaf und sogar unsere Stimmungen. Unglaublich, dass sich die Menge der Hormone in unserem Blut je nach Alter, Geschlecht und sogar Tageszeit unterscheiden kann! Hormone sorgen maßgeblich dafür, dass unsere Körperteile miteinander kommunizieren können – vergleichbar mit dem Nervensystem, das elektrische Impulse nutzt, um Nachrichten durch den Körper zu senden. Der Unterschied besteht darin, dass Hormone im Blut transportiert werden. Ihre Botschaften brauchen deshalb viel länger als Nervensignale. Das kann man sich so vorstellen wie den Geschwindigkeitsunterschied zwischen dem Versand eines Briefes und einer E-Mail.

Hormone werden von spezialisierten Zellen in den Drüsen und Organen des so genannten endokrinen Systems produziert. Eines der wichtigsten endokrinen Organe ist die Bauchspeicheldrüse, die das Hormon Insulin zur Kontrolle des Blutzuckerspiegels herstellt. Wenn die Bauchspeicheldrüse nicht in der Lage ist, Insulin zu produzieren, entsteht die Krankheit Diabetes. Die Patient*innen brauchen dann Insulininjektionen, um ihren Blutzuckerspiegel unter Kontrolle zu halten (siehe Seite 52).

Wir alle sind mit dem starken Hormon Adrenalin vertraut, das bei Aufregung und in Angstsituationen ausgeschüttet wird. Dieses Hormon, das von den Nebennieren oberhalb der Nieren produziert wird, lässt das Herz schneller schlagen, erhöht die Atemfrequenz und vergrößert die Pupillen. Möglicherweise wird man auch blass, da das Blut von der Haut zu den Muskeln in die Gliedmaßen umgeleitet wird. Der ganze Körper spannt sich an. Diese Reaktionen erfolgen automatisch, wenn das Adrenalin den Körper darauf vorbereitet, einer Gefahr zu entkommen oder sich ihr zu stellen: die so genannte Kampf-oder-Flucht-Reaktion. In der Regel wird diese starke Reaktion durch eine physische Bedrohung ausgelöst, sie kann aber auch emotionale Auslöser haben.

### Bildlegende

*1:* **Hypothalamus**
Dieser Teil des Gehirns sendet Botschaften an die Hirnanhangdrüse und weist sie an, Hormone zu produzieren, die das Wohlbefinden beeinflussen sowie Hunger, Durst und Körpertemperatur steuern.

*2:* **Hirnanhangdrüse (*Hypophyse*)**
Diese Drüse sondert Hormone ab, die Wachstum und Entwicklung steuern, einschließlich der Sexualhormone. Diese lösen die Pubertät aus und steuern die Erhaltung und Entwicklung der Geschlechtszellen.

*3:* **Zirbeldrüse (*Epiphyse*)**
Diese Drüse im Gehirn produziert Hormone, die den Schlaf regulieren.

*4:* **Schilddrüse (*Glandula thyroidea*)**
Diese Drüse befindet sich im Hals und produziert Hormone, die den Stoffwechsel steuern.

*5:* **Thymus**
Diese Drüse produziert Hormone, die dazu beitragen, dass die T-Zellen (eine Untergruppe der Lymphozyten) gesund bleiben (siehe Seite 76).

*6:* **Nebennieren**
Oberhalb der Nieren produzieren die Nebennieren das „Kampf- oder Fluchthormon" Adrenalin sowie Hormone, die an der Regulierung von Blutdruck (Aldosteron) und Stress (Cortisol) beteiligt sind.

*7:* **Eierstöcke (weiblich)**
Die Eierstöcke scheiden weibliche Geschlechtshormone wie Östrogen aus, die an der Steuerung des weiblichen Menstruationszyklus und der Schwangerschaft beteiligt sind.

*8:* **Hoden (männlich)**
Die Hoden schütten männliche Hormone wie Testosteron aus: wichtig für die Spermienproduktion, das Wachstum von Knochen und Muskeln sowie Körperbehaarung.

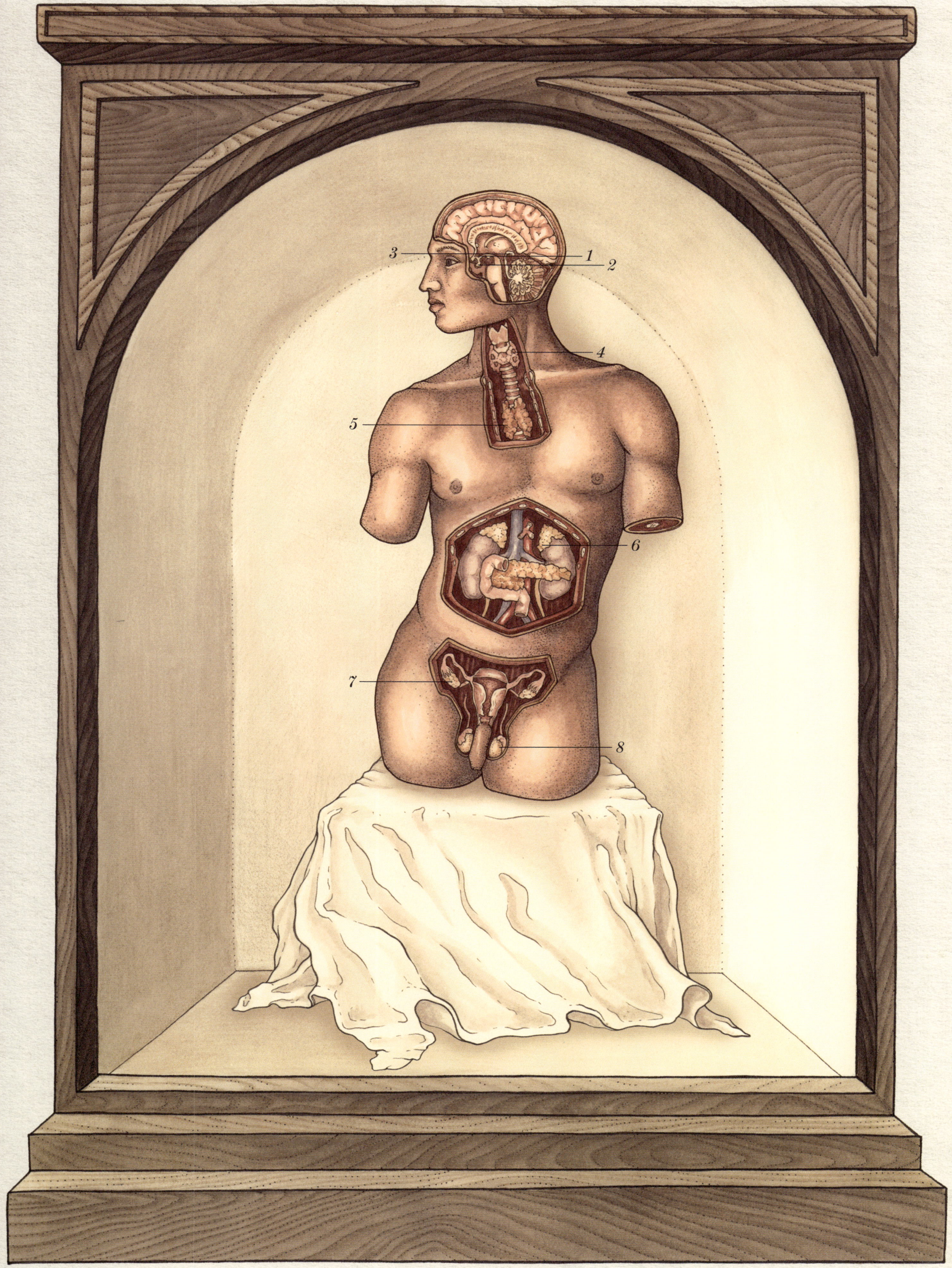
3
1
2
4
5
6
7
8

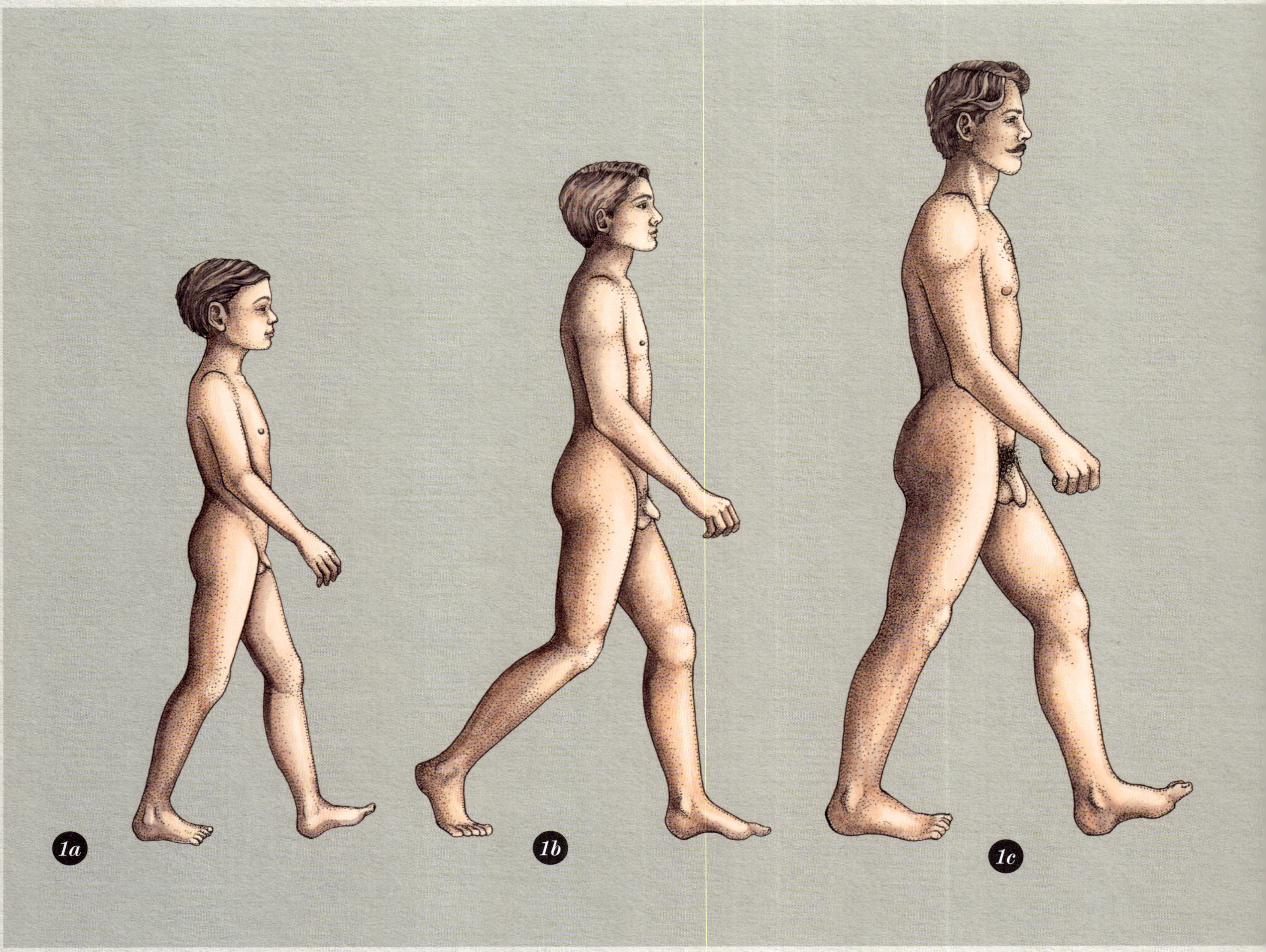




# Die Pubertät

Beim Übergang von der Kindheit zum Erwachsensein durchläuft der Körper eine enorme Veränderung. Sie betrifft Wachstum, Aussehen und Gefühle. Dieser Übergang wird als Pubertät bezeichnet und durch eine vermehrte Produktion von Hormonen ausgelöst. Die Pubertät kann zwischen dem 8. und 14. Lebensjahr losgehen – das ist bei jedem Menschen anders.

Die Pubertät beginnt, wenn der Hypothalamus im Gehirn die Produktion von Hormonen durch die Hirnanhangdrüse auslöst. Eines dieser Hormone ist das Wachstumshormon, das die Knochen wachsen lässt. Heranwachsende können während der Pubertät bis zu zehn Zentimeter pro Jahr wachsen. Etwa zur gleichen Zeit werden auch in anderen endokrinen Drüsen mehr Hormone produziert (siehe Seite 82), die das Haarwachstum anregen. Dies führt dazu, dass am ganzen Körper, insbesondere aber in der Schamgegend und in den Achselhöhlen, zusätzliche Haare wachsen.

Die Geschlechtshormone – Östrogen bei Mädchen und Testosteron bei Jungen – werden von den Fortpflanzungsorganen produziert und bewirken, dass sie sich zu ihrer reifen, fortpflanzungsfähigen Form entwickeln (siehe Seite 86 und 88). Bei Jungen beginnen die Fortpflanzungsorgane mit der Produktion von Spermien. Bei Mädchen beginnt der Menstruationszyklus, und der Eierstock gibt jeden Monat eine Eizelle ab, die befruchtet werden und zu einem Baby heranwachsen kann.

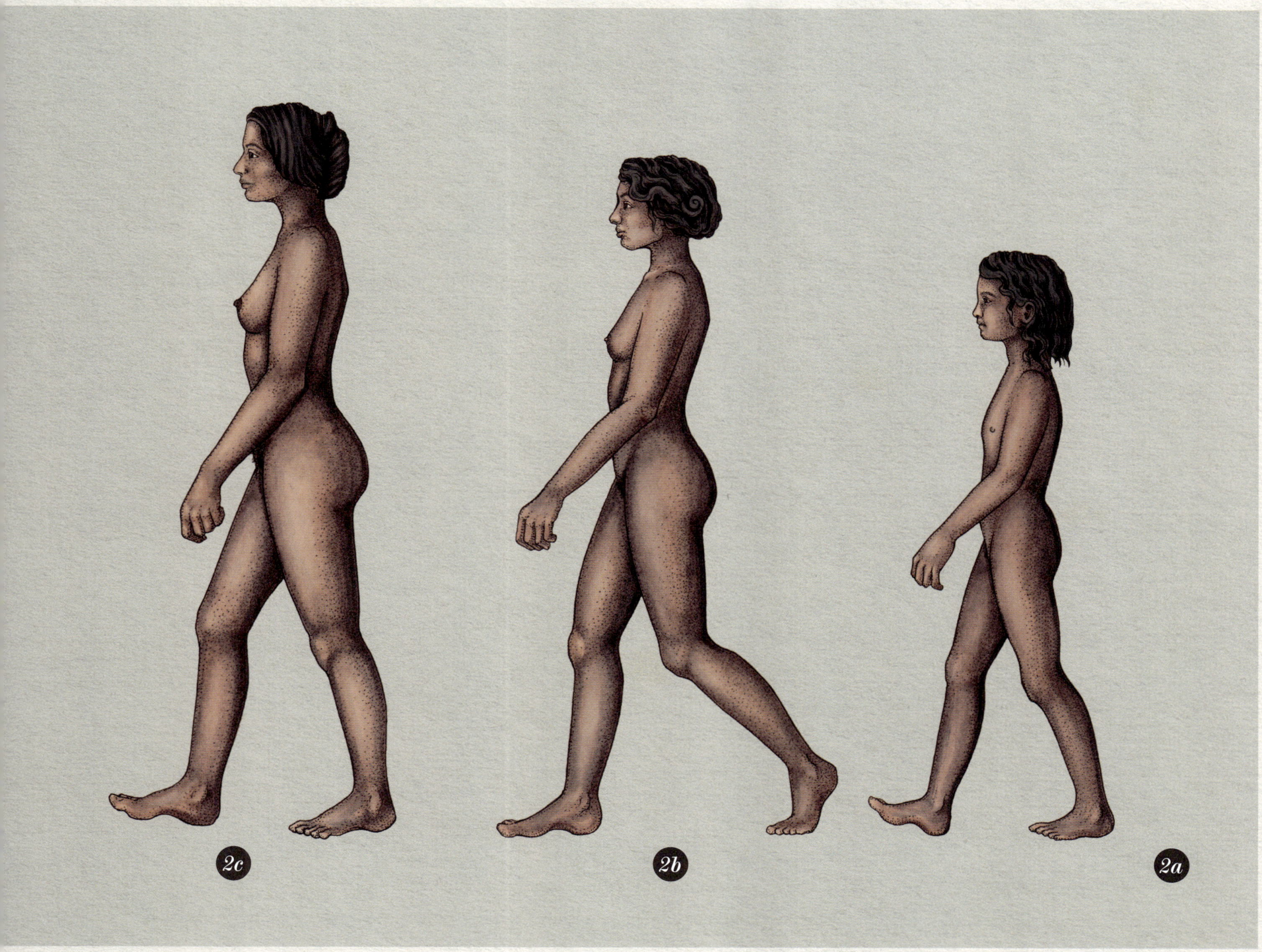


Der Anstieg der Hormone wirkt sich auch auf die Körperform aus und macht die Unterschiede zwischen Männern und Frauen deutlicher. Jungen entwickeln häufig breitere Schultern und einen muskulösen Körperbau, während Mädchen typischerweise einen runderen Körper bekommen, da sich ihre Brüste und Hüften verändern. Bei Jungen wird auch die Stimme tiefer oder „bricht". Zu Akne kommt es bei beiden Geschlechtern häufig, da der Anstieg der Hormone die Haut fettiger macht und die Schweißproduktion ansteigen lässt. Neben den körperlichen Veränderungen wirken sich die starken Hormonschwankungen auch auf die emotionalen Reaktionen aus. Plötzliche, intensive Gefühls- und Stimmungsschwankungen sind keine Seltenheit, und viele Jugendliche beginnen, sich sexuell zu anderen hingezogen zu fühlen.

### *Bildlegende*

*1:* **Vom Jungen zum Mann**
*a)* Junge vor der Pubertät: Die Körperform ist ähnlich wie bei Mädchen, abgesehen von den (noch unreifen) Geschlechtsorganen.
*b)* Ca. 10–15 Jahre: Pubertät. Wachstum, Entwicklung der Geschlechtsorgane, Zunahme der Körperbehaarung, Stimmbruch.
*c)* Erwachsener Körper: Nach der Pubertät sind männliche Körper typischerweise größer und muskulöser und haben voll entwickelte Geschlechtsorgane.

*2:* **Vom Mädchen zur Frau**
*a)* Mädchen vor der Pubertät: Die Körperform ähnelt der von Jungen, abgesehen von den (noch unreifen) Geschlechtsorganen.
*b)* Ca. 10–15 Jahre: Pubertät. Die Mädchen wachsen und beginnen, Brüste zu entwickeln. Die weiblichen Geschlechtsorgane entwickeln sich weiter, der Menstruationszyklus beginnt. Auch der Haarwuchs nimmt zu und die Körperform rundet sich.
*c)* Erwachsener Körper: Nach der Pubertät hat der weibliche Körper voll entwickelte Brüste und Geschlechtsorgane. Der Körper ist nun in der Lage, ein Kind auszutragen.

# Das männliche Fortpflanzungssystem

Jedes Jahr werden weit über hundert Millionen Babys geboren. Fortpflanzung ist die Art und Weise, wie die Natur den Fortbestand einer Population sicherstellt und jeder einzelne Mensch seine Gene weitergibt. Sie findet statt, wenn männliche Geschlechtszellen (Spermien) und weibliche Geschlechtszellen (Eizellen) verschmelzen. Diese beiden Zellen sind der Beginn eines neuen Lebens.

Die Hauptaufgabe des männlichen Fortpflanzungssystems besteht darin, Spermien zu produzieren. Sobald ein Junge in die Pubertät kommt, strömen die Sexualhormone durch das Blut, erreichen die Hoden und regen die Spermienproduktion an. Jeden Tag werden Hunderte von Millionen Spermien produziert. Bei sexueller Erregung werden sie aus den Hoden freigesetzt und wandern durch den dünnen Schlauch der Harnröhre bis zum Ende des Penis. Unterwegs vermischen sich die Spermien mit anderen Flüssigkeiten zur so genannten Samenflüssigkeit (Sperma), die den Körper bei der Ejakulation schnell verlässt.

Spermien können nur bei Temperaturen hergestellt werden, die einige Grad unter der normalen Körpertemperatur von 37 °C liegen. Daher hängen die Hoden außerhalb des Körpers in einem Hautbeutel, dem Hodensack. Wenn die Hoden zu kalt werden, ziehen sich die Muskeln zusammen, um sie näher an den Körper zu ziehen und wieder aufzuwärmen. Spermien sind zu winzig, um sie ohne Mikroskop zu sehen. Sie gehören zu den kleinsten Zellen im menschlichen Körper. Jedes Spermium sieht aus wie eine kleine Kaulquappe: Mit einem Kopf, der die gesamte genetische Information enthält (die Anweisungen, die der Zelle sagen, was sie tun und werden soll), und einem Schwanz, mit dem es sich vorwärtsbewegt. Um eine Eizelle zu befruchten, muss ein Spermium 20 bis 30 Zentimeter durch das weibliche Fortpflanzungssystem schwimmen. Für eine vergleichbare Strecke müsste ein Mensch 10 Kilometer oder etwa 200 Längen in einem 50-m-Schwimmbecken schwimmen. Mitochondrien, spezielle Zellen in der Nähe des Spermienkopfes, fungieren wie eine Batterie und liefern Energie für die lange Reise, während nährstoffreiche Samenflüssigkeit die Spermien ernährt. Bis zu 300 Millionen Spermien können auf einmal freigesetzt werden, aber nachdem das erste Spermium die Eizelle erreicht hat und in sie eingedrungen ist, verhindert eine chemische Reaktion in der Eizelle, dass noch weitere Spermien hineinkommen.

## Bildlegende

*1:* **Hoden (*Testis*)**
In den beiden Hoden werden die Spermien (männliche Geschlechtszellen) in Tausenden von winzigen Röhren, den so genannten Hodenkanälchen, produziert. Die Hoden befinden sich in einem Beutel aus Haut, dem Hodensack.

*2:* **Nebenhoden (*Epididymis*) und Samenleiter (*Ductus deferens*)**
Diese Röhren verbinden die Hoden mit der Harnröhre, über die auch der Urin ausgeschieden wird. Sie transportieren die Spermien zum Ende des Penis.

*3:* **Bläschendrüse (*Vesiculae seminates*)**
Die beiden Bläschendrüsen produzieren Flüssigkeit, die die Spermien ernährt und – zusammen mit der Flüssigkeit aus der Prostata – das Sperma bildet.

*4:* **Harnröhre (*Urethra*)**
Diese lange Röhre verläuft durch den Penis und ist der Weg, auf dem Spermien (und Urin) den Körper verlassen.

*5:* **Penis**
Die meiste Zeit ist der Penis weich, da er aus schwammartigem Gewebe besteht. Bei Erregung füllt sich das schwammige Gewebe des Penis mit Blut und wird steif, so dass er leichter in die Vagina der Frau eingeführt werden und Spermien freisetzen kann.

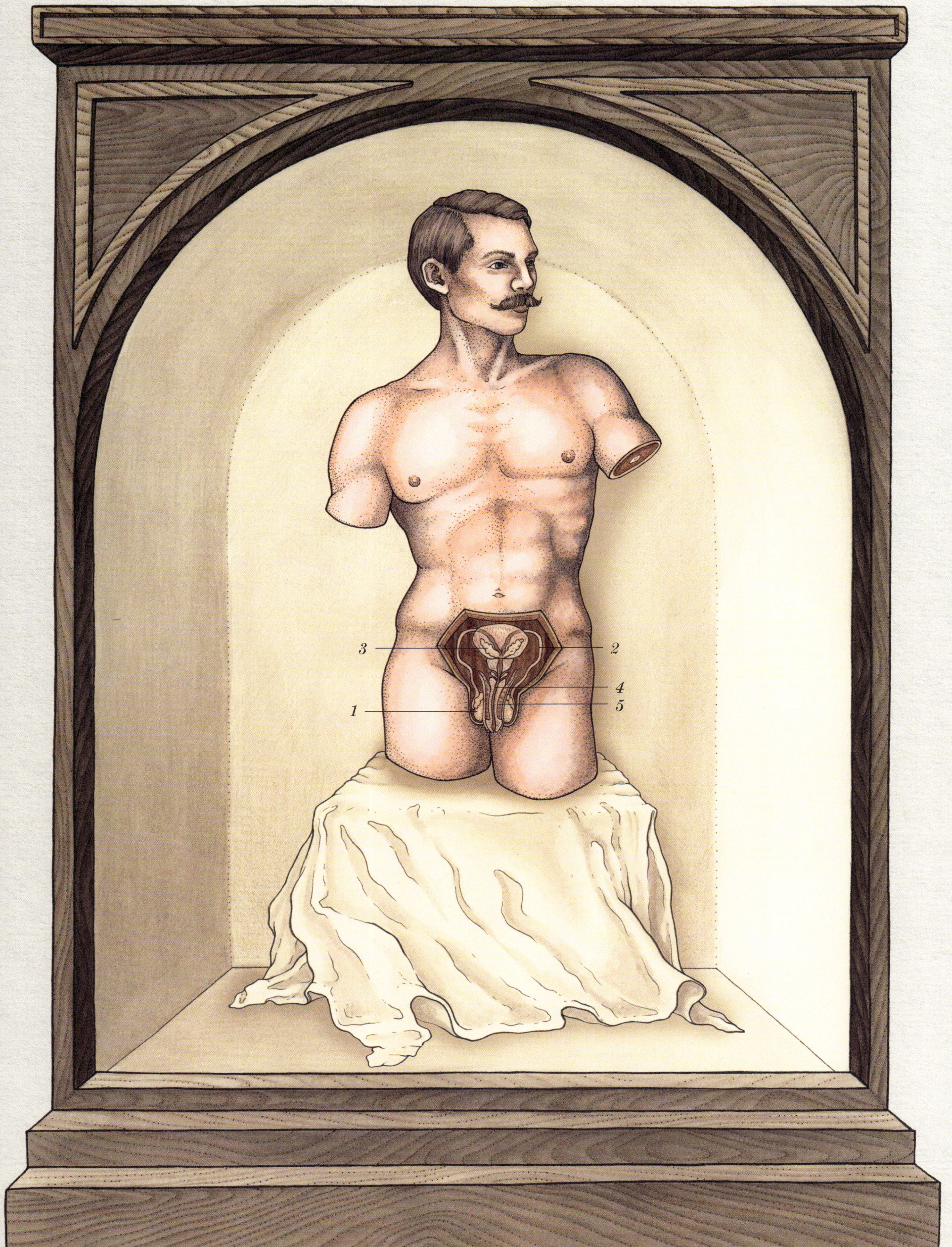

3
2
4
1
5

# Das weibliche Fortpflanzungs-system

Die Aufgabe des weiblichen Fortpflanzungssystems besteht darin, weibliche Geschlechtszellen, die so genannten Eizellen, zu produzieren und im Fall der Befruchtung durch ein Spermium, für Ernährung, Wachstum und Schutz des Babys während der Schwangerschaft zu sorgen. Mädchen werden bereits mit allen Eizellen geboren, die sie jemals haben werden. Frauen können in ihrem Leben keine weiteren Eizellen produzieren. Obwohl bei der Geburt Millionen unreifer Eizellen vorhanden sind, werden nur einige Hundert davon tatsächlich zu reifen, befruchtungsfähigen Eiern.

Im Beckenbereich befinden sich zwei Eierstöcke (*Ovare*), kleine ovale Organe von etwa 4 bis 5 Zentimetern Länge. Sie produzieren sowohl Eizellen als auch die weiblichen Geschlechtshormone Östrogen und Progesteron. Wenn ein Mädchen in die Pubertät kommt, wird im Menstruationszyklus einmal im Monat ein Ei freigesetzt. Zunächst wird das Ei in fransenartigen Fortsätzen, den Fimbrien, am Ende des Eileiters aufgefangen. Der Eileiter ist ein langer muskulöser Schlauch, der den Eierstock mit der Gebärmutter verbindet. Dort angekommen, kann die Eizelle von einem Spermium befruchtet werden. Die Eizelle setzt ihre Reise dann durch den Eileiter in Richtung Gebärmutter, einem Muskelorgan im kleinen Becken, fort. Sofern die Eizelle befruchtet wurde, nistet sie sich in der Gebärmutterschleimhaut ein und beginnt zu wachsen. Wenn dies geschieht, signalisieren spezielle Hormone dem Körper die Schwangerschaft und setzen weitere Hormone frei, um die Entwicklung der Eizelle zu einem Baby zu unterstützen. Wenn die Eizelle nicht befruchtet wird, wird die Gebärmutterschleimhaut abgestoßen. Dies wird als Menstruation oder „Periode" bezeichnet und ist ein Zeichen dafür, dass die Frau während dieses Zyklus nicht schwanger geworden ist.

Die Gebärmutter ist normalerweise etwa 7 Zentimeter lang und hat die Größe einer Birne. Während der Schwangerschaft wächst sie jedoch auf die Größe einer Wassermelone an und ist damit groß genug, um ein Baby zu beherbergen. Die Gebärmutter besteht aus glatter Muskulatur: während der Geburt ziehen sich die Wände der Gebärmutter stark zusammen, um das Baby aus der Scheide zu pressen.

### Bildlegende

*1:* **Eierstock (*Ovarium*)**
Zwei Eierstöcke im Becken produzieren Eizellen (weibliche Geschlechtszellen).

*2:* **Eileiter (*Tuba uterina*)**
Die Eileiter transportieren die freigesetzten Eizellen zur Gebärmutter. Die Befruchtung der Eizelle durch männliche Spermien findet häufig im Eileiter statt.

*3:* **Gebärmutter (*Uterus*)**
In diesem Muskelorgan im Becken nistet sich die befruchtete Eizelle ein und entwickelt sich zu einem Baby.

*4:* **Gebärmutterhals (*Cervix*)**
Der Übergang zwischen Scheide und Gebärmutter.

*5:* **Scheide (*Vagina*)**
Die Vagina ist ein Muskelkanal, der die Gebärmutter mit dem äußeren Teil der weiblichen Genitalien verbindet. Die äußeren Genitalien (*Vulva*) umfassen Schamlippen und Kitzler (*Klitoris*), hier nicht zu sehen. Durch die Vagina gelangt das Sperma beim Sex zwischen Mann und Frau in die Gebärmutter hinein, Blut und Schleimhaut während der Periode sowie Babys bei der Geburt hinaus.

*6:* **Brust (*Mamma*)**
Die weiblichen Brüste bestehen hauptsächlich aus Fettgewebe. Darüber hinaus enthalten sie aber auch spezielles Gewebe, das bei werdenden Müttern Milch produziert, damit die Ernährung des Neugeborenen sichergestellt ist.

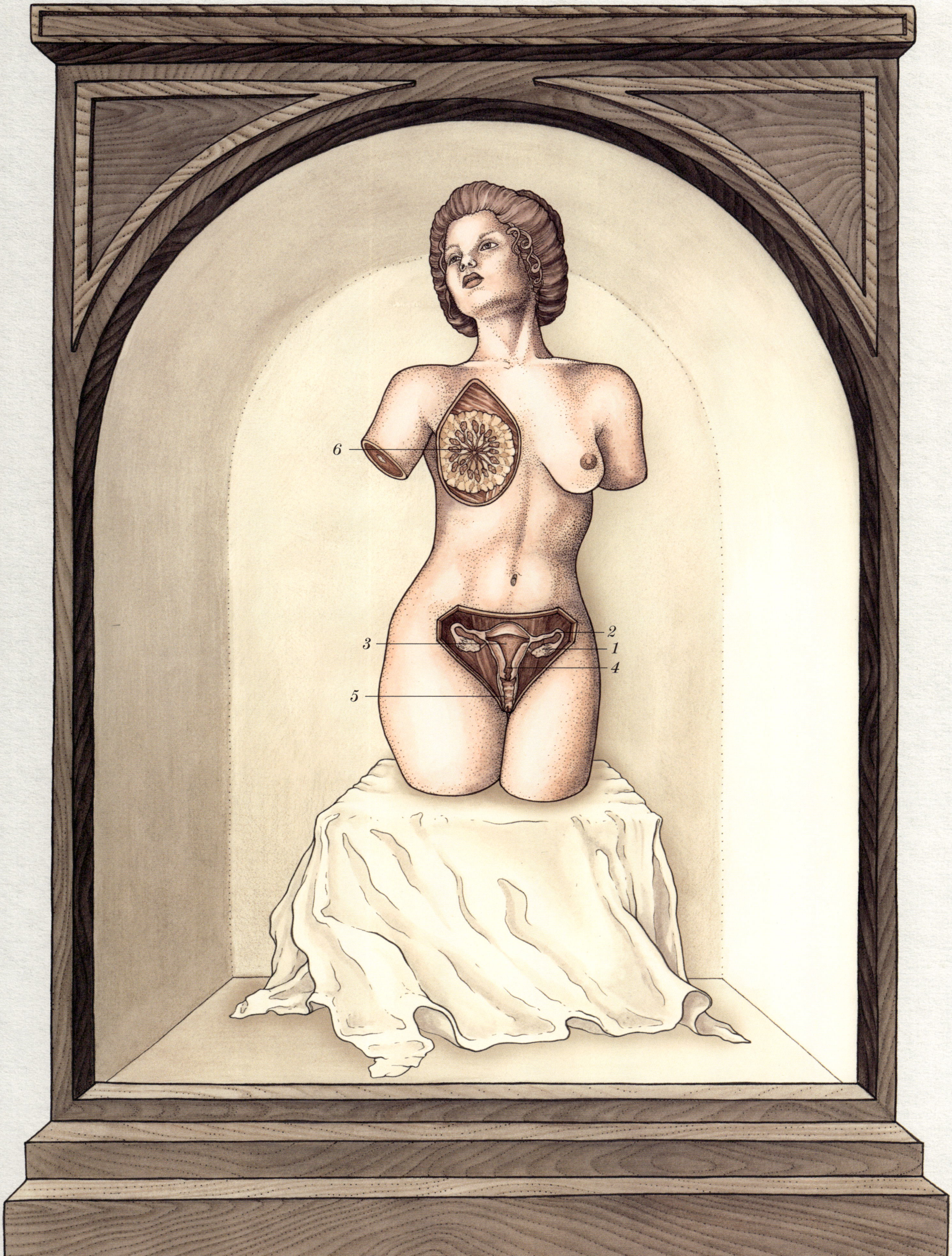
6
2
3
1
4
5

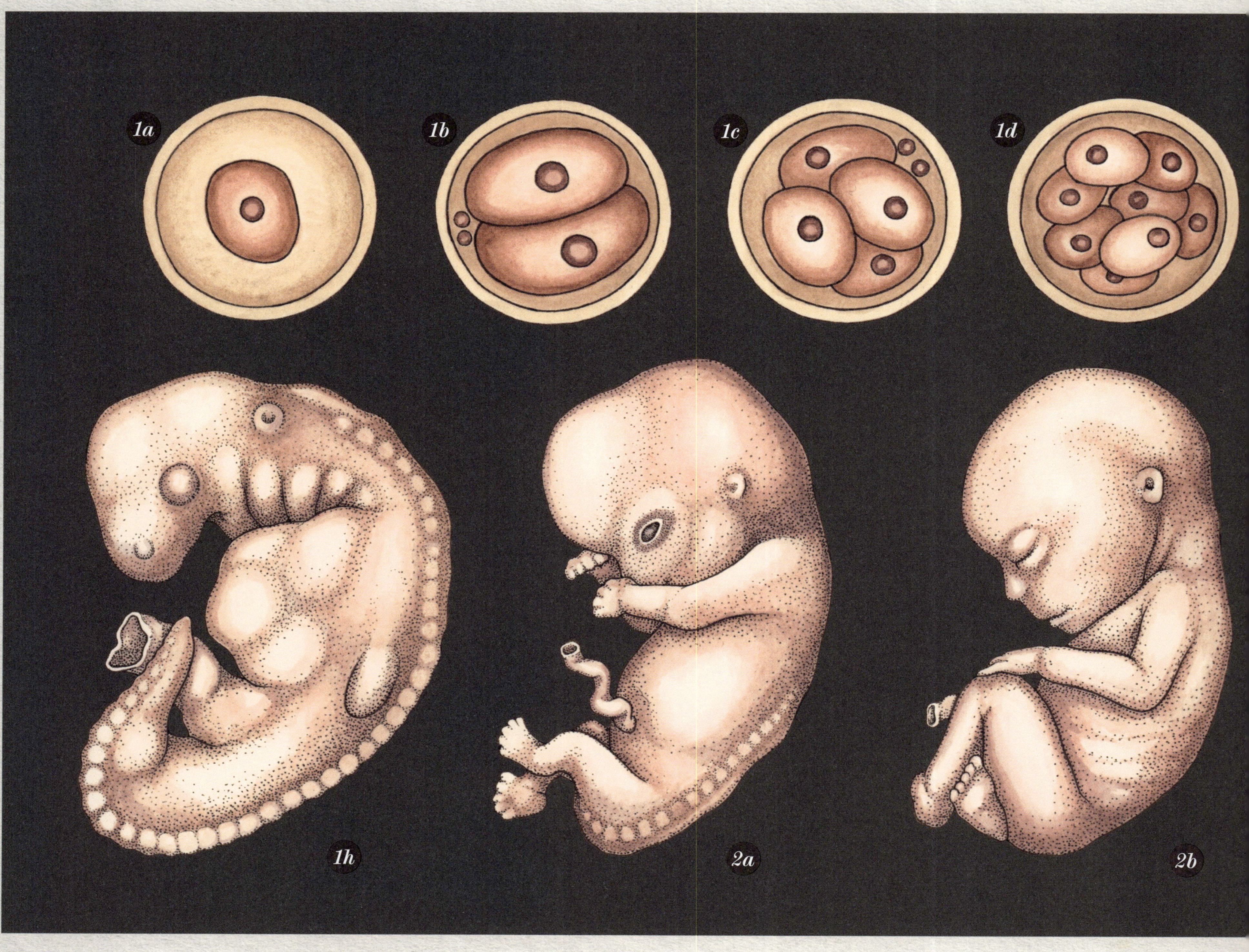




# Die Entwicklung eines Babys

Die Entwicklung eines Babys beginnt in dem Moment, in dem sich eine männliche Geschlechtszelle (Spermium) mit einer weiblichen (Eizelle) verbindet.

Dieser Vorgang wird als Befruchtung bezeichnet und findet in der Regel etwa einen Tag nach dem Eisprung in den Eileitern der Frau statt. Das Spermium gräbt sich in die Eizelle ein. Dadurch werden väterliche und mütterliche genetische Information kombiniert und ein neues, einzigartiges Individuum geschaffen.

Sobald die Eizelle befruchtet ist, wird sie als Zygote bezeichnet und teilt sich in zwei Zellen. Diese Zellen teilen sich immer weiter, bis ein Zellknäuel entstanden ist, das sich in die Gebärmutterschleimhaut der Mutter einnistet. Während der Schwangerschaft ist das Baby von einer Fruchtwasserblase umgeben, in der es geschützt ist. Nährstoffe und Sauerstoff werden über den Mutterkuchen (Plazenta) von der Mutter an das Kind weitergegeben. Dieses Organ bildet sich während der Schwangerschaft in der Gebärmutter. Es verbindet Mutter und Kind über die lange Nabelschnur und produziert Hormone (siehe Seite 82), die das Wachstum des Babys fördern.

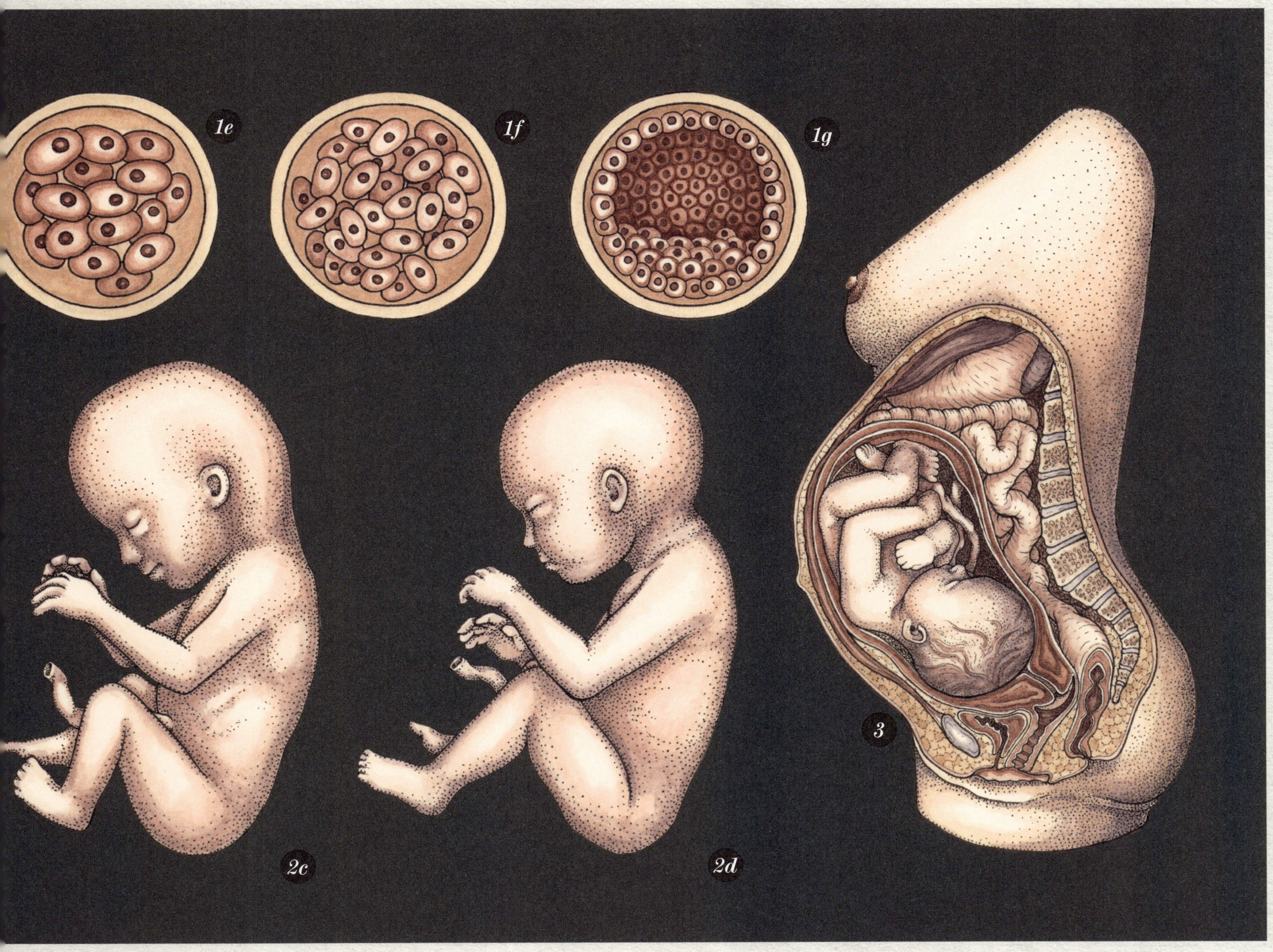


In der sechsten Woche hat das Baby die Größe eines Apfelkerns und verfügt bereits über die ersten Gliedmaßen, ein Gehirn und Augen. In der achten Woche ist es bohnengroß und alle wichtigen Körperorgane haben sich bereits gebildet. Bereits in der 20. Woche kann es Geräusche von außen hören und die Mutter kann seine Bewegungen in der Gebärmutter spüren. Die durchschnittliche Schwangerschaftsdauer liegt bei 40 Wochen, aber auch 37 bis 42 Wochen sind normal. Wenn das Baby bereit ist, auf die Welt zu kommen, ziehen sich die Muskeln der Gebärmutter zusammen, um es durch die Scheide herauszupressen. Diese Wehen genannten Kontraktionen werden immer stärker, regelmäßiger und schmerzhafter, bis das Baby geboren ist.

### Bildlegende

*1:* **Embryonalentwicklung**
*a)* Befruchtete Eizelle (Zygote): Die befruchtete Eizelle teilt sich immer weiter, um einen Embryo zu bilden.
*b)* 2-Zell-Stadium
*c)* 4-Zell-Stadium
*d)* 8-Zell-Stadium
*e)* 16-Zell-Stadium
*f)* 32-Zell-Stadium
*g)* 64-Zell-Stadium (Blastozyste): Am 5. oder 6. Tag besteht der Embryo aus 64 Zellen oder mehr. Er ist bereit, sich im Inneren der Gebärmutter einzunisten.
*h)* Ende 4. Woche: Der Embryo hat begonnen, sich zu formen. Anfänge des Kopfes und der Gliedmaßen sind erkennbar.

*2:* **Entwicklung des Fötus**
Das sich entwickelnde und schnell wachsende Baby wird jetzt Fötus genannt und verfügt über alle wichtigen Organe.
*a)* 9. Woche (2,5 cm lang)
*b)* 12. Woche (5 cm lang)
*c)* 15. Woche (10 cm lang)
*d)* 25. Woche (34 cm lang)

*3:* **Reifes Baby**
Zwischen Schwangerschaftswoche 38 und 40 ist das nun voll entwickelte Baby bereit, geboren zu werden. Durch starke Kontraktionen der Gebärmutter (Wehen) wird es durch den Geburtskanal gepresst

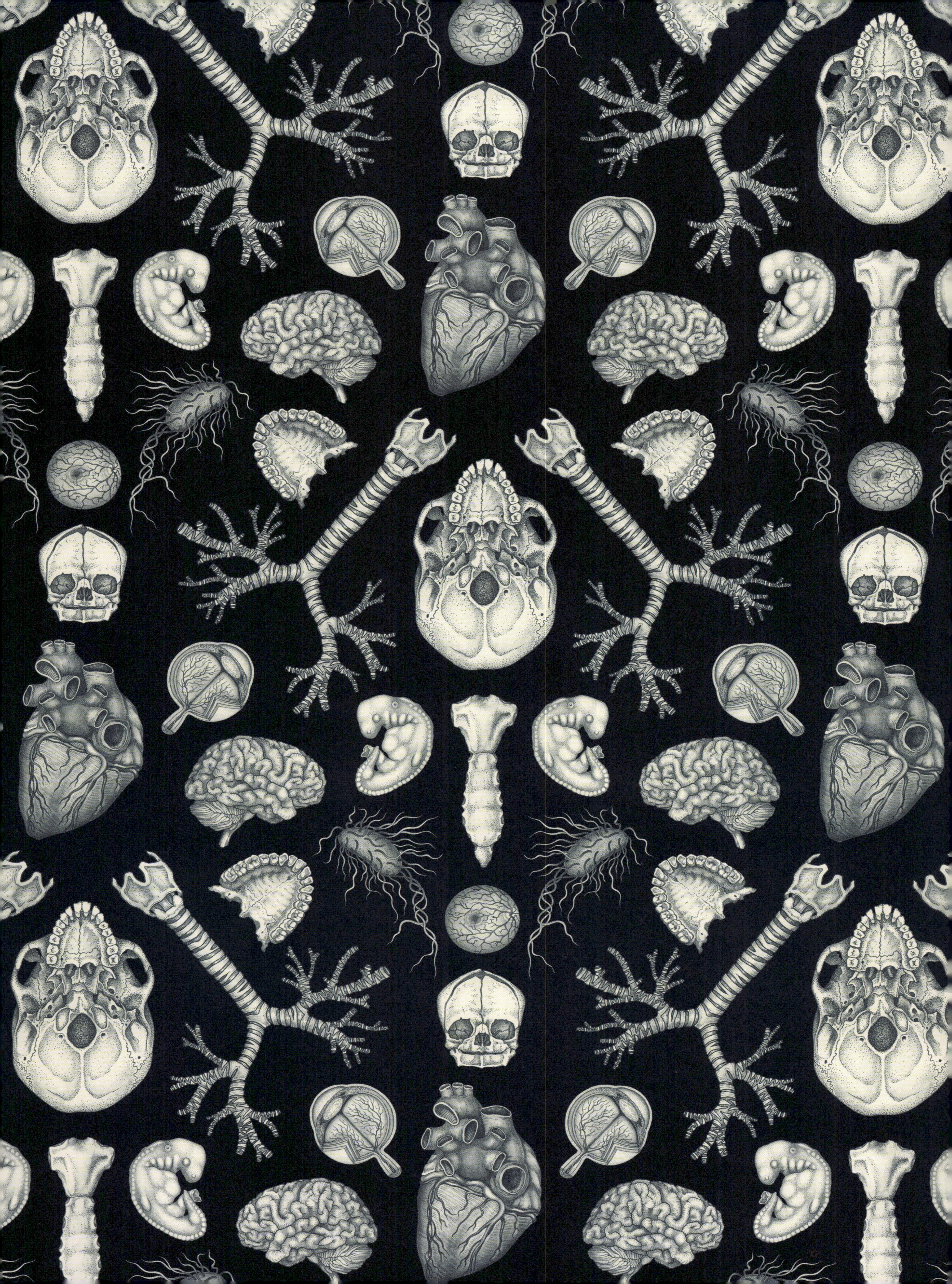

MUSEUM DES KÖRPERS

# Bibliothek

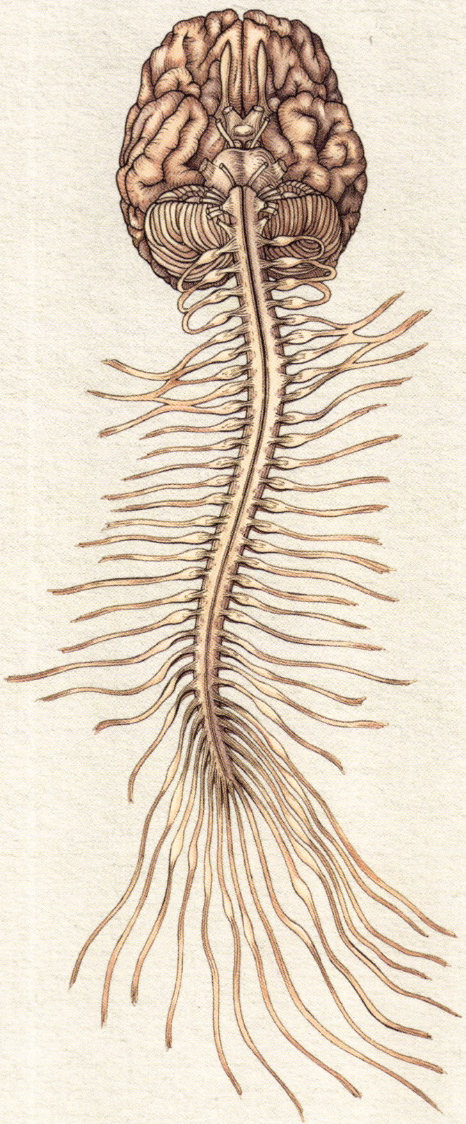

Stichwortverzeichnis

Kuratorinnen

# Stichwortverzeichnis

# Kuratorinnen

**Katy Wiedemann** ist Illustratorin und Tätowiererin und lebt in Philadelphia, USA. In ihrer Arbeit widmet sie sich der wissenschaftlichen Illustration, insbesondere der Anatomie von Menschen und Tieren. Sie ist inspiriert von den großen anatomischen Illustrator*innen der Geschichte und greift die Ästhetik der klassischen wissenschaftlichen Illustration auf, interpretiert sie jedoch modern. Katy arbeitet mit Tusche und Aquarellfarben und verwendet traditionelle Techniken für ihre Mischung aus Realismus und wissenschaftlichem Verständnis, mit der sie die Schönheit und Komplexität biologischer Formen herausarbeitet. Sie hat die Rhode Island School of Design sowie das Edinburgh College of Art mit Abschlüssen in Illustration absolviert.

**Jennifer Z Paxton** ist Dozentin für Anatomie an der Universität von Edinburgh. Sie unterrichtet Anatomie für Studierende der Medizin und Naturwissenschaften und ist außerdem Leiterin des Paxton Lab, eines Labors für Tissue Engineering, das sich mit dem Aufbau neuer Gewebe des Bewegungsapparats zur Implantation nach Verletzungen oder Krankheiten beschäftigt. Jennifer begeistert sich für Wissenschaftskommunikation und hat zweimal (2013 und 2018) den Wellcome trust-Wettbewerb „I'm a Scientist" („Ich bin ein*e Wissenschaftler*in") gewonnen. Ihre Passion ist es, die Wissenschaft der Anatomie und des Tissue Engineering einem breiteren Publikum näher zu bringen. Derzeit arbeitet sie mit Grundschulen zusammen, um mehr Kinder für diese Themen zu begeistern.


Titel der Originalausgabe: *Anatomicum. Welcome to the Museum*

ein Unternehmen der Penguin Random House Verlagsgruppe GmbH
Neumarkter Straße 28 · 81673 München
3. Auflage 2024



Übersetzt aus dem Englischen von Ute Löwenberg
Projektmanagement: Constanze Holler
Lektorat: Elisabeth Güde
Herstellung: Susanne Hermann
Satz: Editors Genie | Udo Rehmann
Druck und Bindung: Toppan Leefung Limited, Dongguan, China

Wir reduzieren und vermeiden die Emissionen, die an unseren Produkten entstehen, fortlaufend und gleichen die verbliebenen Emissionen über ein Klimaschutzprojekt aus. Weitere Informationen zu dem Projekt: www.ClimatePartner.com/14044-1912-1001

FSC www.fsc.org MIX Papier | Fördert gute Waldnutzung FSC® C104723

Penguin Random House Verlagsgruppe FSC® N001967

ISBN 978-3-7913-7529-8

www.prestel-junior.de

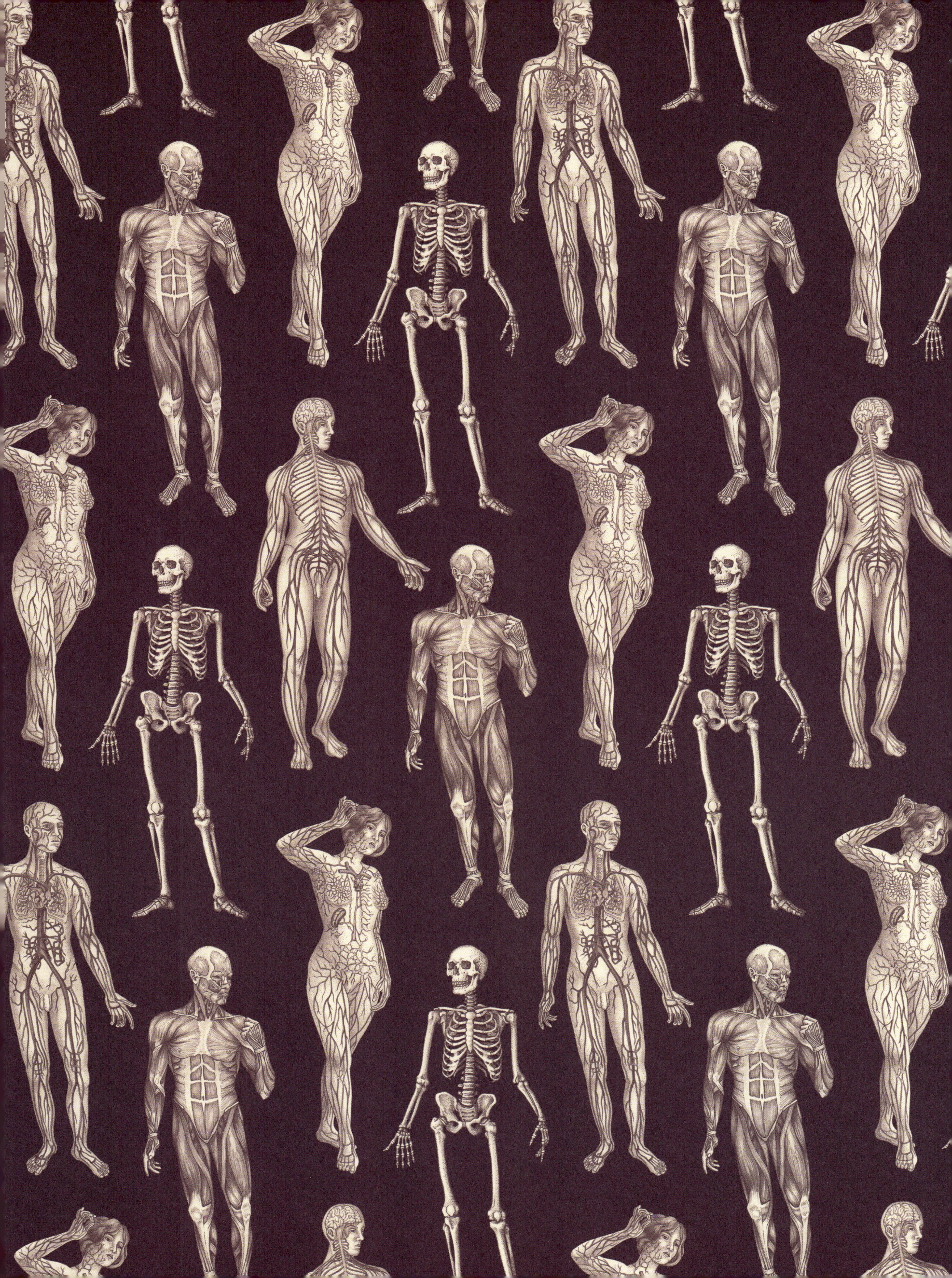

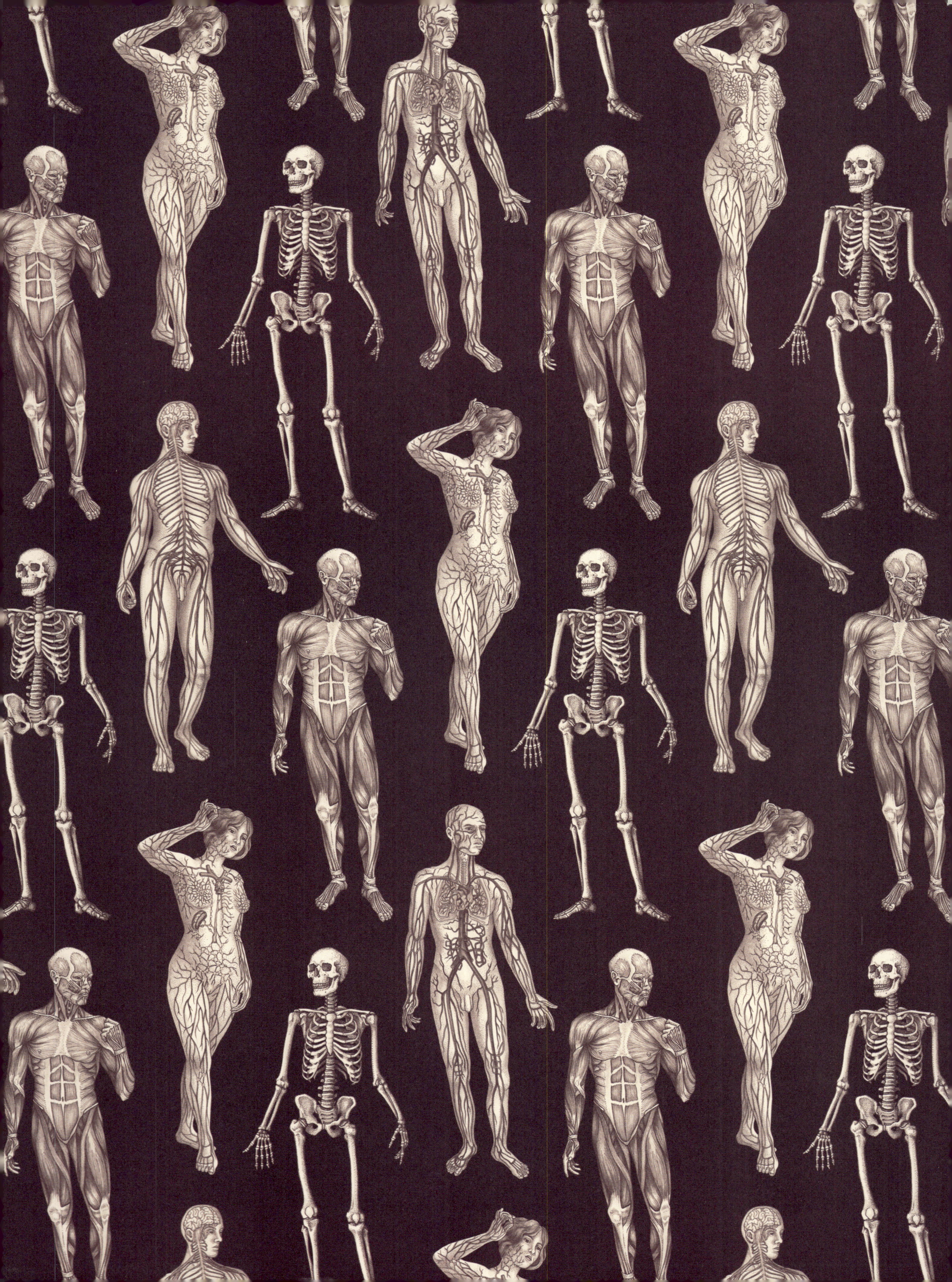